W0095283

Christa Meves

Auf Dich kommt es an!

Antworten für Jugendliche

Auf Dich kommt es an!
Antworten für Jugendliche
Christa Meves
Aachen, MM Verlag, 5. Auflage Juni 2004

ISBN 3-928272-06-03

Umschlaggestaltung: mm agentur
Gesetzt aus der Tekton und Stone Sans
Gesamtherstellung Clausen & Bosse, Leck
Printed in Germany

Inhaltsverzeichnis

VORWORT

*„Liebe heißt nicht
nur, sich verliebt in
die Augen zu
schauen, sondern
gemeinsam in
dieselbe Richtung
zu blicken."*

(Saint-Exupéry)

Liebe Jugendliche,

*möglicherweise hat Euch ein Erwachsener dieses Buch
geschenkt oder geliehen. Und vielleicht habt Ihr es
gerade deshalb eher skeptisch in die Hand genommen. Warum? Nun, wahrscheinlich weil Euch die Ansichten Erwachsener eben manchmal ganz schön auf
den Wecker gehen.*

*Vielleicht heißt es ja zu Hause hin und wieder
„Mensch, Eure Probleme möchte ich haben!", was soviel heißen soll wie, „Eure Sorgen sind doch gar keine!" Oder auch: „Solange Ihr die Füße unter meinen
Tisch stellt ..."*

*Zurecht ärgert Ihr Euch über solche Sprüche. Denn
erstens habt Ihr zwar andere, aber ähnlich große
Probleme wie Erwachsene und zweitens vor allem 'ne
Menge Fragen, auf die Ihr häufig ausweichende Antworten bekommt. Ich zähle mal ein paar auf:*

- „Warum kann ich nicht auf die Fete eines Freundes gehen und über Nacht wegbleiben?"

- „Warum kann ich nicht mal die Musik hören, die ich gut finde – auch wenn es mal laut wird?"

- „Warum darf ich denn nicht mit unserer Clique in den Urlaub fahren?"

- „Warum darf meine Freundin nicht bei mir übernachten?"

- „Warum akzeptiert ihr nicht, daß ich keine Lust habe, in die Kirche zu gehen?"

Sicher könntet Ihr diese Liste verlängern, vielleicht würdet Ihr auch einige Fragen weglassen oder andere aufschreiben. Denn die Zeit, in der ich in Eurem Alter war, liegt ein wenig zurück. Eines ist mir allerdings wichtig, gleich hier zu sagen: ich hatte (und habe) tolle Eltern – wie wohl die meisten von Euch! Sie haben sich um uns Kinder immer sehr gekümmert und sich gesorgt, wie wir uns entwickeln und wie und wer unsere Freunde waren. Trotzdem haben meine Geschwister und ich uns auch immer wieder geärgert und protestiert, wenn das, was die Eltern aus Sorge erlaubten oder verboten, uns übertrieben erschien. Das fanden wir häufig unerhört, sie sollten doch einfach toleranter sein, mehr vertrauen, statt zu kontrollieren. Ihr werdet das wohl auch kennen. Und es ist auch völlig normal. Manchmal hat mir damals der Gedanke geholfen: du erwartest von den Eltern mehr Vertrauen – und vertraust ihnen selbst nicht, nimmst ihnen noch nicht mal ab, daß sie so handeln, weil sie dich gerne haben, und nicht, weil sie dir irgendeine Freude nehmen wollen. Was würde ich wohl über sie denken, wenn sie alles erlauben, alles laufen lassen würden? Wenn ihnen alles egal wäre?

Vieles hat sich seit damals geändert – zum Beispiel die Schule, die Zeitschriften, die Mode, die Musik. Verändert haben sich aber auch die Einstellungen und Verhaltensweisen, die Normen, nach denen wir unser Leben ausrichten, die Gesellschaft.

Und doch – die Themen, die (mich damals bewegt haben und) Euch heute bewegen, sind eigentlich dieselben geblieben: Der Wunsch, unabhängig zu sein, das Leben selbst in die Hand nehmen zu können; Maßstäbe zu entdecken, die im Alltag Orientierung bieten; Ideale zu finden, für die es sich lohnt zu leben.

Hinzu kommt die Freude darüber, immer wieder Neues entdecken und ausprobieren zu können. Das berührt unsere geistigen und körperlichen Fähigkeiten oder beides zusammen. Plötzlich ist man zum Beispiel verliebt, möchte nur noch sie oder ihn sehen, sehnt sich nach Geborgenheit, Zärtlichkeit und körperlicher Nähe.

9

Und doch wißt Ihr heute vielleicht wie wir damals
auch nicht so recht, wie Ihr mit dieser erwachenden
Sexualität umgehen sollt. Natürlich ist da der Wunsch
nach Zärtlichkeit, aber Ihr spürt auch, daß sich da
mehr tut, irgendetwas tief in Eurem Innersten – und
möglicherweise fühlt Ihr Euch gerade deshalb mit
Euren Fragen, Sorgen und Nöten allein gelassen. Ihr
möchtet nicht darüber sprechen, schämt Euch vielleicht. Oder es ist niemand da, dem Ihr vertraut, mit
dem Ihr darüber sprechen könntet – warum auch
immer.

In diesem Buch findet ihr Briefe von Jugendlichen im
Alter von 13 bis 17 Jahren. Sie haben sich zu diesem
Thema und zu anderen Fragen geäußert, die sie be-
wegen. Sie haben an Christa Meves geschrieben.

Wer das ist? Christa Meves ist Psychotherapeutin. Sie
lebt und arbeitet in Uelzen. Christa Meves kümmert
sich vor allem um Kinder und Jugendliche, das heißt,
um ihre ganz konkreten Fragen, Sorgen und Nöte. Sie
weiß, wovon sie spricht. Denn sie hat unheimlich viel
Erfahrung, weil sie mit sehr vielen Jugendlichen,
Mädchen und Jungen, gesprochen hat – über alles.

Christa Meves hat schon geschrieben als ich noch 16
war. Ich habe ihre Bücher „verschlungen", weil sie –
ohne mir nach dem Mund zu reden oder den Zeige-
finger zu heben – Antworten auf meine Fragen gab.

Ein Buch habe ich mehrmals gelesen: „Manipulierte Maßlosigkeit". In der Schule haben wir damals viel diskutiert: über Politik und Kirche, über Emanzipation und Sexualität. Und ich fand es toll, wie Christa Meves in ihren Büchern die Dinge auf den Punkt brachte. Sie schrieb mutig, Zeitmoden waren ihr egal und sie kannte keine Angst, gegen den Strom zu schwimmen.

Damals habe ich begriffen: Christa Meves fordert ihre Leserinnen und Leser immer wieder heraus. Sie rät uns, den Fragen auf den Grund zu gehen und uns nicht mit schnellen Antworten zufrieden zu geben. Sie verlangt den Mut, ehrlich mit uns selbst zu sein, nicht die erstbeste, weil bequemste Lösung zu suchen. Sie zeigt uns, wie schwer es manchmal ist, sich für Ideale einzusetzen, für andere dazusein, etwas aufzubauen. Dabei versteht sie, persönliche Meinungen und Entscheidungen zu akzeptierten.

Christa Meves ist ihrem Stil treu geblieben. Sie hat einen Standpunkt, aber auch die Offenheit und Beweglichkeit, sich neuen Fragen zu stellen. Von ihren Lesern fordert sie das Gleiche: „Denkt nach! Laßt euch nicht manipulieren!" Sie analysiert, sie scheut sich nicht, Tabu-Themen anzupacken. Sie hat keine Angst Verhaltensweisen, Meinungen und Trends kritisch zu bewerten – auch wenn dies nicht populär ist.

Christa Meves ist gläubige Christin, Katholikin, die zu ihrer Kirche steht, weil sie zwischen berechtigter und ungerechter, verletzender Kritik zu unterscheiden weiß. Hier fallen mir die Worte eines amerikanischen Jugendlichen ein. Nach einem Treffen mit Johannes Paul II. in St. Louis sagte er vor Journalisten: „Ob Du katholisch bist oder nicht: Es tut gut, diesen alten Mann zu sehen, der Dich nicht anlügt, Dir nichts verkaufen will ... Er möchte nicht, daß Du an ihn glaubst. Er möchte nur, daß Du mit ihm glaubst und versuchst, diesen Glauben im Alltag zu leben."
Gleiches könnte man auch von Christa Meves sagen.

Sie fordert „Freude am Leben": Sucht und geht Euren Weg – als Frau, als Mann – aber schwimmt nicht einfach nur mit. Laßt Euch nicht von Werbung, Medien oder falschen Moralaposteln verbie-gen, nicht durch coole Sprüche beeindrucken, nicht kaufen. Habt den Mut, anders zu sein.

In diesem Buch findet Ihr Fragen, die von Euch stammen könnten. Sie stehen in Briefen von Jugendlichen, die – wie Ihr – Antworten suchen. Sie haben sich ganz bewußt an Christa Meves gewandt. Die Antworten sind leise, wie im Vertrauen gesprochen...

Euer **Michael Müller**

P.S.: Frau Meves und wir vom Verlag würden uns freuen, Eure Meinung kennenzulernen.

Wenn Ihr uns schreiben wollt:

MM Verlag
Stichwort **Christa Meves**
Pommerotter Weg 15
52076 Aachen
Fax 0241/609 11 15
E-Mail mm.verlag@t-online.de

Meine Eltern gönnen mir nichts – immer Ärger wegen Feten und Discos!

Liebe Christa Meves,

ich weiß – Sie sind eine Jugendtherapeutin, und deshalb möchte ich Sie bitten, mir zu helfen: eigentlich weniger, um mich zu therapieren, sondern eher meine Eltern. Sie können sich gar nicht vorstellen, wieviel Knatsch ich in letzter Zeit mit denen habe! Einfach zum Weglaufen! Bis jetzt waren die eigentlich ganz okay, aber seit ich Spaß am Weggehen habe, kriege ich immer Probleme mit ihnen. Dabei bin ich jetzt schon vierzehn und habe die letzten Jahre schließlich auch nicht verschlafen. Die tun so, als sei ich ein dummes Gänschen, das von nichts 'ne Ahnung hat!

Aber vielleicht sollte ich erstmal ein bißchen genauer erzählen: Also, wir in der neunten Klasse haben da so eine Clique von vier Mädchen und drei Jungs. Wir stehen auf Megasongs und versuchen natürlich mitzukriegen, was es da so gibt. Neulich gab es ein tolles Open-Air-Konzert – wir wollten natürlich allesamt hin. Eigentlich wollten wir das ganze Wochenende mitmachen; aber da ging das

Gemotze von meinen Eltern gleich los – von beiden! Früher machte ja Mama allein Terror dieser Art, aber nun scheint sie sogar meinen Vater rumgekriegt zu haben, sich daran lautstark zu beteiligen. Dann haben die (saublöd!) auch noch die Eltern der anderen Mädchen angerufen, und plötzlich hieß es übereinstimmend: Erlaubnis nur für Samstag! Was waren wir wütend! Die Jungs konnten dazu nur den Kopf schütteln. Die hatten alle drei die vernünftigeren Eltern, die diesen Chauviquatsch nicht mitmachten.

Na, wir haben uns gefügt; denn sie haben uns gedroht, daß wir dann beim nächsten Konzert überhaupt nicht mehr fahren dürften. Ein Vater hat sogar gewagt, was von Stubenarrest zu labern. Der würde sich wundern: Die hätten wir nachts durchs Fenster rausgeholt! Unglaublich diese Eltern!

Naja, wenn dies das einzige Mal gewesen wäre, würde daraus ja nicht gleich ein mieses Verhältnis. Aber das ganze Getue schleift sich jetzt so richtig ein, und zwar bei meinen Eltern schlimmer als bei den anderen, die allmählich doch mehr und mehr nachgeben. Ich bin auch noch die einzige, die gleich gegen zwei, gegen Vater UND Mutter kämpfen muß. Drei von meinen Freundinnen haben alleinerziehende Mütter (zwei davon sind geschieden), und die vierte lebt beim Vater mit dessen Lebensgefährtin. Die haben sich so weit von ihren Eltern nun doch nicht unterkriegen lassen. Aber ich – was soll ich machen?

Zur Disco haben sie mir am vergangenen Samstag einfach die Erlaubnis verweigert. Mein Vater hatte im Büro gehört, daß da Ecstasy angeboten und gekauft wird. Das stimmt zwar. Aber muß man das so eng sehen? Ecstasy macht wirklich high und trotzdem nicht süchtig. Das weiß doch jeder. Ja, und dann gestern die Fete. Einer unserer Kumpel, Kai, hatte Geburtstag. Da hat er seine Leute weggeschickt (d. h., sie sind natürlich freiwillig gegangen) und hat 'ne klasse Fete gemacht – schicke Cocktails hat er gemixt, echt super! Mein Vater hatte gesagt, ich solle um 23 Uhr zu Hause sein (ist ja nur eben um die Ecke), aber da war eine so tolle Stimmung – ich hab gar nicht gemerkt, daß es schon so spät war. Schließlich war es eh zu spät, keiner sonst ging. Sollte ich da Spielverderber sein? Und dann plötzlich um 1 Uhr nachts steht mein Vater mit hochrotem Kopf auf der Matte, zerrt mich ins Auto und schreit mich an. Mit dem bin ich jetzt fertig – ein für allemal! Wie soll das denn jetzt weitergehen? Bitte helfen Sie mir!

Jessica

LIEBE JESSICA,

ach ja, die bösen Eltern und die schönen Feten! Das ist ein Thema, das in meiner Praxis fast jeden Tag vorkommt. Wie sehr verstehe ich, daß Du nun Deine ganze Freizeit nicht mehr nur in und mit der Familie verbringen möchtest, sondern lieber mit Deiner Clique zusammen bist! Das gehört gewiß zum Erwachsenwerden. Schließlich möchtet Ihr Jugendlichen freie und selbständige Menschen sein. Du möchtest Dein Leben selbst in die Hand nehmen und Deine Freizeitformen selbst bestimmen. Das ist sehr normal.

Aber sind die Eltern nun eigentlich wirklich die blödesten aller Blödiane? Am ehesten kann man das, glaube ich, herausfinden, wenn Du Dich einfach mal eine Weile in ihre Lage versetzt. Stell Dir doch einfach mal vor, Du seist jetzt nicht 15, sondern so gegen Ende 30. Du wärest verheiratet und hättest da eine kleine Tochter, eine ganz liebe. Die hättest Du mit viel Sorgfalt großgezogen. Das war nicht immer ganz einfach, da waren die vielen Infekte, da war vielleicht sogar einmal ein Unfall oder eine schwere Krankheit. Du hast manche Sorge um das Kind gehabt. Es ist Dein einziges. Und Du hast es sehr lieb, und es ist auch lieb.

Doch plötzlich scheint es, als sei das Mädchen von der Tarantel gestochen! Dreht, kaum daß sie zuhause ist, diese Wahnsinnsmusik an, hopst zu den Rhythmen

durch das ganze Zimmer, schminkt sich, fängt an zu
rauchen, will immerzu weg – in die Stadt, auf Feten, in
Discos. Gleichzeitig liest Du in der Zeitung, daß da
schon wieder ein Mädchen nach einem Discobesuch
nicht nach Hause gekommen ist. Dein Mann liest Dir
von schrecklichen Verbrechen vor, Ihr geht am Bahn-
hof an den so elend aussehenden Fixern vorbei, die da
herumstehen. Und wenn Ihr nach Hause kommt, steht
da Euer Goldkind, toll duftend, mit Minirock, mit
offenem Haar und rotem Schminkmund und sagt: „Na
tschüs denn, ich geh' auf die Fete zu Kai!"

Jessica, stell Dir vor, Du bist die Mutter! Meinst Du,
Du würdest Dein Kind umarmen und sagen: „Nun,
meine Süße, amüsier' Dich gut!"?

Ich hoffe, ich kann es schaffen, Dich auf diese Weise
dazu zu bringen, für Deine Eltern doch etwas Ver-
ständnis aufzubringen. Zwar kann ich mir gut vorstellen, wie peinlich es Dir war, als Dein Vater Dich vor
den Augen aller am Arm packte und ins Auto zerrte!
Mit Recht fühltest Du Dich da vor den anderen bloß-
gestellt; aber bedenke bitte: Dein Vater hatte eben
Angst, Angst um Dich, und man kann ihn nicht mal
als überängstlich bezeichnen. Deine Eltern haben
berechtigte Angst! Viel zu oft sind in der letzten Zeit
Kinder und junge Mädchen verschleppt, vergewaltigt,
ja ermordet worden. Du hast das auch gehört. Und
wenn Du nun den Eindruck hast, daß Deine Eltern

sich am meisten Sorgen machen, so kannst Du darauf eigentlich nur stolz sein; denn es ist ein Zeichen dafür, daß Du ganz besonders intensiv geliebt wirst! Aber Deine Eltern haben auch nicht allein nur Angst, sie haben auch Verantwortungsbewußtsein; denn schließlich bist Du noch keineswegs mündig, und so lange werden sie verantwortlich gemacht, wenn Dir etwas passiert.

Deine Eltern sind in eine Gesetzgebung unseres Staates eingebunden. Sie haften, wenn sie ihre Aufsichtspflicht gegenüber ihrem Kind vernachlässigen. Und die Christen können hinzufügen: Sie sind auch vor Gott verantwortlich, wenn sie nicht aufpassen, so daß ihre Kinder in gefährliche Situationen geraten. Erst wenn Du mündig bist, erlöschen diese Pflichten Deiner Eltern. Erst dann ist es allein Deine Sache, ob Du leichtsinnig oder verantwortungsbewußt mit Deinem Leben umgehst.

Freilich wirst Du jetzt sagen: Aber was soll schon passieren? Ich bin ja auch nicht so blöd wie das Mädchen Luisa (es ging durch die Presse), die doch neulich tatsächlich nachts um zwei nach der Disco per Anhalter nach Hause wollte und nur knapp einer Vergewaltigung entging. Ich bin doch immer nur mit meiner Clique unterwegs. Aber passiert es in Eurer Clique nicht auch, daß einige nicht mehr ganz nüchtern sind und sich abseilen, oder daß einer oder eine plötzlich eine ganz tolle Bekanntschaft gemacht hat und mit der verschwindet? Ihr haltet doch auf Euren Groß-veranstaltungen nicht zusammen wie ein Rudel Jung-füchse!

Ich kann schon verstehen, daß Dein Vater Dir deshalb ein Limit setzt, bevor alles mehr oder weniger ab-driftet; denn schließlich ist das, was man Euch auf den Feten und in der Disco anbietet, wirklich nicht ganz so harmlos, wie Du meinst.

Jessica, das mußt Du wissen! Auch ich, die ich wirklich ein Herz für die vielen Jugendlichen habe, die ich kenne, bekam einen Schreck über Deinen Kommentar zu Ecstasy. Wenn man Euch beigebracht hat, daß das ein harmloses Aufputschmittel ist, hat man Euch willentlich oder unwillentlich belogen! Ecstasy ist ein ganz gemeines, ein ganz gefährliches Gift. Hirn-forscher an der Uni Bielefeld sind zu der Erkenntnis gekommen, daß jede Tablette dieser sogenannten Designerdroge bei Jugendlichen bleibende Schäden (!) im Stirnhirn verursacht! Wie gut also, daß das Zeug verboten ist, und daran sollte man sich unbedingt halten – oder willst Du Dir wegen der besseren Stimmung in einer Nacht Dein Gehirn kaputtmachen?

Eine Forschergruppe in England ist sogar noch zu viel erschreckenderen Ergebnissen gekommen: Wenn ein

Jugendlicher an 40 Wochenenden in Discos und bei Techno-Parties Ecstasy schluckt, ist das Gehirn für alle Zeiten geschädigt! Kein Arzt kann es dann wieder in einen gesunden Zustand zurückbringen.

Ich finde es ja auch schön, daß Du Freunde hast, die Deine Interessen teilen; ich finde es auch schön, daß Du Freude am Leben hast – aber man sollte sich auch nicht gleich wie in einen Niagarafall hineinstürzen. Dazu werden heute viel zu viele Dinge angeboten, die Jugendliche unbedingt meiden sollten, von Heroin bis zu Cocktails mit Alkohol, bei denen man – ähnlich wie bei Ecstasy – noch nicht einmal genau weiß, wieviel und welche Art von Gift darin enthalten ist. Denn, Jessica, es dreht sich bei all diesen Dingen nicht einfach nur darum, daß einem dann am nächsten Tag mies ist – es sind ja zum großen Teil doch Substanzen darin, die süchtig machen, und das heißt: daß man auf einmal immer wieder was von dem Zeug haben will, und zwar bald auch nicht nur einfach die gleiche Menge, sondern allmählich mehr, immer mehr, weil der Körper sich an die kleine Menge gewöhnt, so daß man erst wieder high wird, wenn man mehr in sich reingezogen hat.

Ich brauche Dir nicht weiter zu erzählen, warum Deine Eltern Angst davor haben, daß Du bei Deinen Feten Lust auf Zeug bekommst, das süchtig macht.

23

Dabei geht nicht nur die Gesundheit kaputt, sondern auch die ganze Lebensfreude, die Du suchst. Man wird abhängig und ist dann an das Zeug gefesselt. Das ist nicht nur bei Koks und Heroin so, sondern auch schon bei Hasch, bei Alkohol, bei Nikotin, doch ja – auch bei Ecstasy, obgleich es nach einigen Malen vielleicht noch nicht ganz so dramatisch aussieht. Aber das genau ist das Gemeine: daß man schleichend verführt wird und daß es, wenn man es merkt, meistens schon zu spät ist.

Also, Jessica, ich glaube, daß ich Deine Eltern nicht zu therapieren brauche. Die wollen eben einfach nicht, daß Du in diese Fallen läufst. Aber ich glaube, daß ich auch Dich nicht zu therapieren brauche, sondern daß Du zu den Jugendlichen gehörst, die sich doch noch etwas sagen lassen, sonst hättest Du mir diesen Brief nicht geschrieben. Eigentlich sind es eher seelisch kranke Menschen, die sich in die Abgründe stürzen, obgleich sie auf ihr Vorhandensein aufmerksam gemacht worden sind. Seelische Gesundheit ist im Gegensatz dazu daran zu erkennen, daß man sich durch sachliche Information über die Gefahren warnen läßt. Denn wer gesund ist, will leben, will fröhlich und kräftig sein und sich nicht selbst kaputt machen.

Wenn man 15 ist, möchte man erwachsen sein – und Du bist das teilweise schließlich auch schon; aber ob man damit weiter vorankommt, das läßt sich auch daran ablesen, ob man es schafft, mit seinen Eltern vernünftige Absprachen zu treffen, die man dann auch einhält. Das setzt natürlich voraus, daß man versteht, daß selbst ihr Motzen, ihre Bedenken und ihre Verbote etwas mit Liebe zu Dir zu tun haben. Es ist schließlich nicht selbstverständlich, solche Angehörigen zu haben. Deshalb würde ich Dir raten, Deinem Vater zu verzeihen, daß er Dich von der Party weggeholt hat. Es hat ihm ja selbst wehgetan, Dich so anzuschreien; aber er hat eben soviel Angst um Dich gehabt, nachdem Du nicht rechtzeitig nach Hause gekommen bist. Als er Dich dann ganz unversehrt tanzen sah, ist diese Angst bei ihm eben in Wut umgeschlagen. Beim nächsten Mal, wenn Du Dich um 23 Uhr von ihm nach Hause fahren läßt und er sich über Deine Einsicht freut, wird er Dir vermutlich auch noch sagen, daß es ihm leid tut, Dich so angepackt und angeschrien zu haben – und dann braucht Ihr Euch nicht länger gram zu sein; denn auch Du hast ihn doch lieb.

Versuch's mal so, Jessica. Ich bin sicher: Spätestens wenn Du selbst Kinder großziehst, wirst Du Deinen Eltern dankbar sein, daß sie Dich beschützt haben, als Du wie ein wildes Reh in die Welt hineinsprangst. Schreib wieder, wenn Du Probleme hast. Ich helfe Dir gern!

Deine Christa Meves

Was soll das alles
- hat das viele Lernen Sinn?

Liebe Christa Meves,

Sie haben mir neulich bei dem Problem mit meinem Freund so schnell wiedergeschrieben – ob Sie mir bitte heute noch mal bei einer anderen Frage helfen?

Gerade eben habe ich meinen PC ausgeschaltet. Es ist fast Mitternacht, und ich müßte schleunigst ins Bett, damit ich morgen für die Klausur fit bin. Aber ich bin noch so aufgedreht und gleichzeitig deprimiert. Da schuftet man nun fürs Abi, zur Zeit Streß tagaus, tagein. Bis Weihnachten schreiben wir noch sieben Klassenarbeiten. Meine Eltern sind mit mir (im Gegensatz zu meinem Bruder, der sie mit seiner Faulheit immer zum Seufzen bringt) sehr zufrieden. „Ohne Fleiß kein Preis", sagt mein Vater und klopft mir auf die Schulter.

Aber ich bin mir da gar nicht so sicher. Überall hört man, wie knapp die Arbeits- und Ausbildungsplätze sind. Um meinen Traumberuf, Kinderärztin, zu schaffen, muß ich nach dem Abi mit mindestens weiteren zehn Jahren Schufterei rechnen. Ich habe einen 14 Jahre älteren Cousin, der gerade seinen Facharzt gemacht hat. Der hat mir zwischendurch so erzählt, wie das läuft mit all den Scheinen und Prüfungen. Lernen, lernen, lernen, nichts als lernen! Das kann man doch gar nicht Leben nennen!

Noch schlimmer wird es, wenn man sich die Nachrichten im Fernsehen und die Kommentare dazu reinzieht. Der Saddam Hussein, so hat neulich ein Moderator erzählt, soll ein Gift zusammengebraut haben, von dem ein Tropfen viele Menschen auf einmal töten kann. Oder man denke nur an die hungernden Russen, die auf all ihren Atomraketen und Atom-U-Booten sitzen. Wenn das losgeht! Oder wenn nun plötzlich doch ein dicker Meteorit auf die Erde knallt! Neulich habe ich gelesen, daß da so schnell etwas absolut Tödliches heruntersausen und z.B. riesige Flutwellen auslösen kann, daß niemand davor auch nur rechtzeitig gewarnt werden könnte.

Wenn ich mir das vorstelle, daß es in absehbarer Zeit so einen Crash gibt, dann habe ich praktisch mein ganzes kurzes Leben lang nur unaufhörlich mit Lernen zugebracht. Ist das nicht vertane Zeit? Sitze ich mit meinem Fleiß denn überhaupt auf dem richtigen Dampfer? Am liebsten würde ich aussteigen! Ich habe ein Konto, nicht gerade üppig, mit Gespartem, von Großmutter gelegentlich aufgestockt. Sollte man nicht einfach sagen: Schluß jetzt! Ich nehme meinen Rucksack, geh' in die Welt, um zu leben, um zu schauen, um zu atmen! – Dieses Malochen von Klausur zu Klausur, mir stinkt das!

Bitte, liebe Christa Meves, helfen Sie mir aus diesem Loch!

Ihre Julia

LIEBE JULIA,

von Herzen hoffe ich, daß Du wenigstens gleich, nachdem Du Deinen Brief an mich fertig hattest, ins Bett gegangen und in einen erholsamen Schlaf gefallen bist, und daß Du am Morgen dann doch mit mehr Mut aufgestanden bist! Überanstrengung bewirkt ja leider nur allzu oft, daß man in trübe, resignative Gedanken fällt. Eine gute Portion Schlaf – ja, am Wochenende auch mal so richtig ausschlafen, das allein kann schon neue Kraft und neuen Mut wecken! Das sollte man nicht hintanstellen – Körper und Seele sind nun einmal eine Einheit!

Aber mit dieser Antwort wirst Du natürlich noch nicht zufrieden sein. Und bevor ich damit beginne, würde ich gern zunächst mal in Dein Seufzen einstimmen. Ich finde auch, daß es ein reichliches Übermaß an Lernstoff ist, das Ihr in Euch hineintrichtern müßt. Das liegt daran, daß sich durch die Technik die Masse an Wissen in den letzten Jahrzehnten so enorm vergrößert hat. Leider hat noch niemand dazu angesetzt, dasjenige herauszufiltern, was eigentlich gar nicht mehr in unseren Gehirnen gespeichert werden müßte, weil der Computer das jetzt für uns übernehmen kann. Ihr seid die Generation, die hier noch ächzt; aber der auch die Aufgabe zufallen wird, das Lernmaterial für die, die nach Euch kommen, zu sichten und sinnvoll zu sortieren. Schon das ist ein Ziel, für das sich Deine jetzt noch überfrachtete Lernerei lohnt.

Aber mit diesen Hoffnungen auf künftige Bildungsreformen kannst Du natürlich noch nicht zufrieden sein. „Was nützt mir das jetzt?" wirst Du fragen. Deshalb möchte ich Dir zuerst gern sagen, daß ich wohl meine, daß Du auf dem richtigen Dampfer sitzt. Schau, Dein Weg ist zwar lang (es gibt andere, die kürzer sind, auch darüber müßte man nachdenken!), aber es ist ein Weg mit einem Ziel. Ich darf Dir das aus der Erfahrung mit Leuten, die „ausgestiegen" sind, sagen: Das erscheint kurzfristig ganz lecker zu sein – bewährt sich aber nicht. Irgendwann wird das Liegen in der Sonne von Mallorca langweilig, irgendwann hat man keine Lust mehr zum Globetrotten und erst recht nicht, wenn das schließlich in einem Clochard-Leben unter den Brücken endet.

Das hat etwas mit unseren Anlagen und der Lebensaufgabe als Menschen zu tun: Das rasche Glück ist bald verbraucht. Das Leben ohne Ziel macht in Kürze noch viel unzufriedener als eines mit einem langen, anstrengenden Aufstieg zum Erfolgsgipfel. Das mußt Du wissen. Schließlich geschieht beim Lernen auch mehr als ein Speichern von Wissen. Dein Geist wird darüber hinaus geübt. Er lernt schließlich immer schneller, er erfaßt größere Zusammenhänge. Viele Fachbereiche verstehst Du allmählich tiefer. Dadurch steigert sich das Interesse daran. Die Welt wird so für Dich also reicher, farbiger, spannender, dadurch, daß Du mehr kennst und mehr begreifst.

Abgesehen davon bekommen manche Bereiche, für die Du besonders begabt bist, Gelegenheit, sich zu entfalten. Manchmal merkst Du überhaupt erst beim Lernen und im Vergleichen mit den anderen, was Du spontan besser, was Du weniger gut kannst als sie. Du bekommst dadurch Gelegenheit, mit „Deinen Talenten zu wuchern", so nennt das die Bibel. Dich in Deine Begabungen einzuüben, vielleicht sogar über die Schule hinaus, etwa in Sport, Musik, Technik oder einer handwerklichen Fähigkeit, kann zu einer sehr viel tieferen Sinnerfüllung Deines Lebens führen. Später, im Rückblick, siehst Du dann: Ich habe mich eingebracht in das Leben. Und das hat mich glücklich gemacht und zu mehr Freude geführt.

Und deshalb ist das kontinuierliche, geduldige Arbeiten von Zeugnis zu Zeugnis doch gar nicht so verkehrt: Zeugnisse sind gewissermaßen Etappenziele wie die Berghütte zum Auftanken beim Bergsteigen. Die muß man allerdings auch in Anspruch nehmen. Das heißt: Man sollte sich Ruhetage, vielleicht auch mit der Vorfreude auf eine Besonderheit in den Ferien, gönnen. Das Gehirn muß sich entspannen, es muß sich erholen können; dann arbeitet es danach besser.

Das ist der Grund, weshalb es in der Schulzeit Pausen zwischen den Unterrichtsstunden und viermal im Jahr Ferien gibt. Während des Studiums muß man diese Notwendigkeit mit einer vernünftigen Zeiteinteilung selbst in die Hand nehmen. Allerdings ist es nicht zweckmäßig, alle Monate der Semesterferien dafür in Anspruch zu nehmen, sondern nur etwa die erste und die letzte Woche; denn sie sind natürlich zum Verarbeiten des im Semesters Gehörten gedacht. Naja, Du hast schließlich auch noch eine ganze Weile Zeit bis dahin. Aber auch schon jetzt würde ich Dir raten, Dir immer etwas vorzunehmen, auf das Du Dich im voraus freuen kannst, statt Dich in der Unzufriedenheit über Deinen Schulalltag festzubeißen. Dadurch macht man sich nämlich das Lernen zusätzlich noch schwer! Das ist dann so, als ob man in seinen Rucksack Steine packen würde.

Um solche zusätzlichen Erschwerungen zu vermeiden, ist es im übrigen sinnvoll, sich klar zu machen, daß für erwachsene Menschen auf dieser Erde das Paradies nicht vorgesehen ist. Es mag eigenartig klingen, doch grundsätzlich besteht unser Leben auf unserem Planeten „aus Dornen und Disteln". Es muß immer darum gekämpft werden, daß das eigene Leben erhalten werden kann, daß man genug zu essen hat und ein Dach über dem Kopf – mit hoffentlich beheizbaren Räumen. Früher schafften die Leute das mit Ackerbau und Viehzucht, heute in der Industriegesellschaft läßt sich das Notwendige eher mit dem Kopf als durch der Hände Arbeit erreichen.

Aber das muß Dir klar sein: Arbeiten zu müssen, gehört nun einmal dazu, um unsere Existenz zu erhalten. Als Schlaraffenland ist diese Erde grundsätzlich nicht für uns Menschen eingerichtet. Leben ist immer Kampf – und der ist noch niemals etwas durch und durch Leichtes, Lustiges gewesen. Es steht uns ein Anspruch darauf deshalb auch gar nicht zu. Das können wir nur meinen, wenn wir die Eierschalen der Kindheit noch nicht abgestreift haben (denn in der Kindheit denken und kämpfen schließlich die Eltern für einen), oder wenn uns der Sozialstaat, der von den Steuern der Arbeitsfähigen die Arbeitsunfähigen miterhält, eine solche falsche Meinung vorgaukelt. Aber stell Dir vor, alle Jugendlichen stiegen aus, um nach dem Verbrauch ihres Ersparten von Sozialhilfe zu leben – dann gäbe es gewiß bald keine Knete mehr vom Staat, die dieser schließlich als Steuern von denen abholt, die arbeiten. Wenn niemand mehr da ist, der den Unterhalt für die „Aussteiger" erarbeitet, dann endet alles im Bankrott.

„Und der Overkill?" magst Du noch einmal fragen. Nun ja, Katastrophen hat es auf der alten Erde immer gegeben, von der Sintflut bis zum zweiten Weltkrieg. Aber es gibt auch sehr lange Etappen, in denen die Menschen von Seuchen, Hungersnöten und Kriegen verschont wurden – hier bei uns jetzt schon eine Phase von langen 54 Jahren!

Wir müssen hoffen, daß die gute Zeit uns erhalten bleibt. Denn: macht man sich bewußt, daß man geistige Arbeit tun kann, weil man nicht lange und umständlich suchen muß, um etwas zum Essen zu finden, weil man nicht erst in den Wald laufen und Holz sammeln muß, um nicht zu erfrieren, dann kommt etwas anderes, ein sehr schönes Gefühl in uns hoch, nämlich: Dankbarkeit. Man freut sich, daß das alles so sein kann – ja, dann freut man sich auch, daß man in einem Land lebt, in dem man sich ungestört auf einen guten Beruf vorbereiten darf.

Mit dieser Sichtweise bekommt sogar schon das Lernen für die Schule ganz viel Sinn: Man begreift, daß man eine keineswegs selbstverständliche, im Vergleich mit Jugendlichen in anderen Erdteilen eher eine unerhört ungewöhnliche Chance bekommt, seinen Geist zu entfalten. Seine Begabung zu entwickeln, das ist so ähnlich wie das Heranwachsen einer Blume bis zum Aufspringen der Blüte: Die Blume wird zu dem, was in ihrer Wurzel, ihrer Knolle als Plan enthalten war. Das ist sicher nicht nur für uns erfreulich, die wir ihre Vollendung bestaunen, sondern auch für die Blume selbst.

Zu einer solchen Vervollkommnung der Gaben, die in uns angelegt sind, ist jeder von uns berufen. Deshalb strebt er unbewußt danach. Und das Leben in unserer Welt, einer freien Demokratie in einer Phase langjähri-

gen Friedens, gibt uns Gelegenheit dazu. Ohne Mühen und ohne viel Üben – auf welchem Gebiet auch immer – ist dieses Glück, ist dieses Lebensziel nicht zu erreichen.

Ist die Stimmung jetzt besser? Ich wünsche Dir das von Herzen!

Deine Christa Meves

Die liebe Familie und das Fernsehen

Liebe Frau Meves,

ich bin die Lea, die Ihre Enkel neulich einfach so zum Sonntagsvergnügen in Ihren Garten mit antransportiert hatten. Es waren so schöne Stunden, und ich möchte Ihnen noch einmal herzlich dafür danken. Aber irgendwie ist die Erinnerung mit etwas Traurigem verknüpft, und es hat bei mir eine ganze Zeit gedauert, bis ich dahintergekommen bin, woran das liegt. Ich habe gemerkt, daß in Ihrer Familie etwas existiert, was es bei uns zu Hause nicht gibt. Aber ich habe Sehnsucht danach, daß wir auch bei uns zu Hause ähnlich miteinander umgehen würden. Wie kann man das erreichen? Und das ist der zweite Anlaß meines Briefes. Vielleicht haben Sie einen Tip, wie man da vorankommen könnte?

Jedenfalls muß ich wohl erst mal etwas ausführlicher erzählen, wo mich der Schuh drückt. Ich glaube, bisher wissen Sie wohl nur, daß ich 17 Jahre alt und eine Mitschülerin von Ihrem Enkel Erik bin. Wir sind zu Hause auch eine ziemlich große

Familie. Ich habe noch drei Geschwister, eine Schwester (19), die jetzt gerade Abitur macht, und zwei Brüder (16 und 14). Mein Vater (52) ist freiberuflicher Geschäftsmann mit viel Aktivitäten. Meine Mutter (45) hilft ihm im Büro und ist auch sonst unentwegt z.B. bei den vielen Anrufen etc. seine zweite Hälfte. Dann ist da noch die Oma (74), Mamas Mutter, die bei uns lebt, seit Opa tot ist.

Wir leben nun zwar alle unter einem Dach, aber leben doch nicht richtig miteinander. Jedenfalls nicht so, wie ich das nun bei Erik erlebe. Als erstes: Gemeinsame Mahlzeiten gibt es bei uns allenfalls noch am Wochenende, aber auch hier fast nur noch beim Frühstück am Sonntagmorgen (wenn man Glück hat!). Sonst ist immer dieses Kommen und Gehen um den Mittelpunkt Küche herum. Ist es anders nicht machbar? Ich will meine Mutter mit dieser Frage nicht belasten, und alle haben auch immer so viele verschiedene Termine, angefangen vom unterschiedlichen Beginn der Schulstunden am Morgen bis hin zu all den Nachmittags- und Abendprogrammen.

Wir vier Jugendlichen sind da jedenfalls voll aus-gebucht, mit Sport, Musikstunden, verschiedenen AGs und so weiter. Meine Eltern haben ihre Köpfe immer randvoll mit beruflichen Sachen. Man hat den Eindruck, die schuften sich nochmal tot. Mutter sagt jeden Tag mindestens einmal ziem-lich anklagend zu meinem Vater: „Wir brauchten eigentlich doppelt so viele Mitarbeiter", und Vater antwortet: „Aber die sind für uns nicht bezahlbar, Punkt!" – Wie, wann und wo gibt es bei uns echte Gemeinschaft? Alles zerfleddert. Sogar die Groß-mutter führt ein ziemlich ausgeprägtes Eigen-leben, geht mit einer ihrer zahlreichen Freundinnen ins Café oder lädt sie zu sich ein.

Eine Ausnahme gibt es allerdings: Mehr oder weniger geschlossen drängelt man sich abends im Wohnzimmer vor dem Fernseher. Aber auch das ist nicht immer konfliktfrei. Ums Programm gibt es nicht selten Zank. Und wenn Mama seufzt: „Wir brauchten eben mehr Fernseher!", kommt auch hier Vaters Machtwort: „Eher schaffe ich diesen Kasten ganz ab, als daß sich jeder damit in sein Zimmer verkrümelt. Da kriegt ja keiner mehr den anderen zu sehen!"

Das leuchtet zwar ein – und doch ist unsere Regelung auch nicht gerade das Gelbe vom Ei. Und wie die Jungen sich dann um den lächerlichsten Quatsch bei der Wahl des Programms wortwörtlich in die Haare kriegen. Meine Schwester Monika und ich fangen dann womöglich noch ein Hick-Hack um irgendeine blöde Schauspielerin an – und wenn Mutter dann genervt auf den Ausknopf drückt, herrscht zwar eine Weile gespannte Stille, wie die Windstille vor dem Sturm, bis Oma anfängt, den neuesten Klatsch zu erzählen. Damit will sie sicher die Spannung, die in der Luft liegt, entschärfen; aber das erreicht sie nicht mit diesem verkrampften Getue. Was soll dieses abfällige Gerede über andere, die nicht dabei sind und manchen von uns auch gar nicht interessieren? Wie könnte man denn aus solchen Situationen rausfinden? Haben Sie nicht eventuell ein paar Zeilen zu diesem Thema?

Nichts für ungut für diese eigentlich ziemlich aufdrInglIchen Fragen!

Lea

JA, LIEBE LEA,

solche Wünsche und Impulse, wie Du sie in Deinem Brief ausdrückst, kann ich gut nachvollziehen. Man braucht nur die Chance zu bekommen, in irgend etwas Vergleichbares einen kleinen Einblick zu bekommen – schon entsteht ein starkes Bedürfnis, den eigenen Bereich zu verändern: zum Besseren, zum Schöneren oder vielleicht noch Vollkommeneren. Auf Möbel, auf Häuser, auf Fahrzeuge, auf Klamotten – auf so vieles kann sich das beziehen. Das Vergleichen mit anderen kann uns anspornen, es kann uns anreizen, es kann uns zum Bemühen um höhere Lebensformen anregen – aber zu sehr sollte man sich auch nicht auf die Imitation z.B. von Lebensstilen oder Moden einlassen. Nicht alles paßt zu jedem!

Besser ist es, sich, so gut es geht, darum zu bemühen, von dem auszugehen, was zu einem paßt und was überhaupt realistisch erreichbar ist, sonst bleibt man auf halber Strecke resignierend womöglich sogar im Neid stecken. Es ist doch z.B. unsinnig, wenn man eher kurze, kräftige Beine hat, sich unbedingt in einen Minirock hineinpressen zu wollen etc.

Du bist auf ähnliche Weise ins kritische Nachdenken über Deine Umwelt geraten und möchtest am liebsten stehenden Fußes bei Euch zu Hause eine Familienreform einleiten, die an die Lebensweise in der Kastanienallee anzugleichen ist. Dazu ist natürlich zu sagen, daß Du die Familie Deines Freundes sicher noch ein wenig zu rosig siehst. Den Gästen zeigt man schließlich begreiflicherweise gern sein schönstes Gesicht – klar! Im Alltag sieht manches dort auch nur mittelmäßig durchgewurschtelt aus. Das ist nun einmal so: „Mit der Nähe verliert der Mensch", pflegte eine überkritische Großtante unserer Familie so oft zu sagen, bis es unter uns zur unsterblichen Redewendung geworden ist.

Das soll nun allerdings nicht heißen, daß ich Deine Gedanken nicht andererseits sehr richtig finde. Es lohnt sich immer, mal im täglichen Trott innezuhalten und sich zu fragen: Ließe sich hier nicht manches verbessern? Es ist konstruktiv, nach neuen Gestaltungsformen auf die Suche zu gehen und – wenn sie wie hier eine ganze Gruppe von Menschen betreffen – Veränderungen miteinander abzuwägen. Am besten geht das mit einer anberaumten Familienkonferenz nach dem Frühstück am Sonntagmorgen; aber man muß, wenn man vorankommen will, über Vorschläge schon nachgedacht haben, bevor sie beginnt, und die Ideen müssen auch vorher schon mit der kritischen Frage konfrontiert worden sein: Läßt sich das durchführen? Ist das in der Realität machbar? Mangeln wir dabei nicht irgend jemanden unter? Ist es nur künstlich draufgesetzt? Entspricht das uns bzw. mir? Geht mein Wunsch nicht auf Kosten der anderen?

Du klagst z.B. darüber, daß das Fernsehen Eure gemeinsamen Abende zu sehr bestimmt. Dabei vermißt Du mit Recht ein echtes Miteinander – miteinander umgehen, miteinander sprechen, sich gegenseitig austauschen. Du hast recht, der Fernseher mindert die Kontakte. Er schränkt echte Gespräche und ein Miteinander-Nachdenken ein. Und ich verstehe Deine Unzufriedenheit sehr, wenn Du feststellst, daß der TV auch den Familienfrieden am Abend gefährdet. Das modische Wort „Streitkultur" kann diese negative Seite des Familientyrannen Fernsehen doch nur mühsam beschönigen.

Andererseits möchte ich Dir zu bedenken geben: Wäre der Apparat dort im Wohnzimmer nicht – vielleicht träfe man sich dann noch viel seltener? Ähnliche Befürchtungen haben Deinen Vater doch wohl veranlaßt, nicht weitere Apparate in den einzelnen Zimmern aufzustellen. Man könnte natürlich auch eine Organisation versuchen: Einer sieht die Wochenvorschau im Programmheft durch und macht am Sonntag in der Konferenz Vorschläge, wobei die Mehrheit entscheidet, welcher Film gesehen wird. Ich würde aber grundsätzlich sehr raten, nach den 20-Uhr-Nachrichten nur eine einzige weitere Sendung zuzulassen. Für Deine Brüder ist es ohnehin nützlich, nach 22 Uhr in die Federn zu kommen. Nicht umsonst haben fast 90 % der Schulkinder in Deutschland Kopfschmerzen! Sie sehen zu lange fern und sind dadurch zu unausgeschlafen.

Vielleicht kann man auch so gelegentlich zu dem Entschluß kommen, mal einen Abend fernsehfrei zu gestalten. Es gibt bestimmt viele Unterhaltungssendungen, auf die man gut und gern verzichten kann. Und ebenso ist schließlich nicht jeder Film auch nur andeutungsweise wertvoll. In solchen Fällen sollte in gemeinsamem vorherigem Beschluß der Abend für Gespräche oder Spiele freigehalten werden. Es brauchen ja auch nicht alle immer mitzuspielen und sich verkrampft an den Gesprächen zu beteiligen. Es sei den Damen vergönnt, Handarbeiten zu machen; gewiß darf an den freien Abenden auch gelesen werden – z.B. Aktuelles, was sich evtl. vorlesen und diskutieren läßt. Es ist bestimmt richtig, darauf sein Augenmerk zu richten, die anderen wirklich kennenzulernen. Man braucht sich ja nicht einzubilden, daß man sich in der Tiefe kennt, wenn man in oberflächlicher Weise miteinander lebt.

Die Jungen brauchen darüber hinaus noch orientierende Vorgaben, damit sie nicht in all die modischen Sumpffallen laufen, die unser Zeitgeist ihnen glitzernd und verführerisch anbietet. Da können die älteren, erfahreneren Schwestern oft gute Weisung geben, oft mehr als die Eltern, deren Rat man in diesem Alter am liebsten gar nicht mehr annehmen möchte. Dazu sind

Gespräche bei gemeinsamen Mahlzeiten in der Tat eine gute Gelegenheit.

Mit ein paar Worten will ich auch noch auf Dein Problem mit der Oma eingehen, das nur unterschwellig anklingt. Jedenfalls kommt es zum Ausdruck, daß Du die Trivialität des Fernsehens nicht einfach nur durch triviale Gespräche, durch Klatsch über andere ersetzt haben möchtest. Ich finde auch, daß man die Familienabende damit nicht verschwenden sollte.

Andererseits wäre es unangemessen, der Großmutter deswegen über den Mund zu fahren. Das verbietet sich aus einer grundsätzlichen Ehrfurcht vor dem Alter und der Lebensleistung der Großmutter. Der Klatsch ist schließlich für jeden von uns eine Versuchung! Es ist lustvoll, über Abwesende Negatives oder Anrüchiges zu verbreiten. Das ist zwar traurig, aber es ist eine allgemeine Schwäche von uns Menschen; denn wenn die anderen mehr oder weniger mies sind, erstrahlt unser Bessersein in erwünschtem Glanz (obgleich wir wohl in der Tiefe wissen, daß wir selbst immer einmal wieder nur sehr, sehr mittelmäßig sind!). Weil die Nachrede der heimlichen Selbsterhöhung dienen möchte, gerät es vielen Menschen gar nicht erst ins Bewußtsein, daß sie sich durch den Klatsch über andere eher etwas vergeben. Den Omas sei er verziehen! Zumal wenn sie Witwen sind; denn das Alleinbleiben nach dem Tod des Mannes schwächt ihr

Selbstwertgefühl oft in hohem Maße. Wenn man das weiß, bekommt man Mitleid statt das verstärkte Klatschbedürfnis zu verachten. Dennoch sollte man allem Klatsch in einer größeren Gemeinschaft nicht stundenlang Raum geben. Kultiviertes Niveau kann so jedenfalls nicht erreicht werden. Das läßt sich machen, indem man in einer Sprechpause ein anderes Thema von höherem Wert anschlägt. Auch Nachdenken über Einzelheiten in der Tagespolitik, über die man sich in den Nachrichten gerade informiert hat, könnte dienlich sein.

Ich freute mich in Deinem Brief auch darüber, daß Dich der Geschwisterzank stört, obgleich ich annehme, daß auch er sich nicht ganz vermeiden läßt. Man soll ihn aber auch nicht überbewerten. Das Kabbeln unter Geschwistern dient der Übung zur Selbstbehauptung im späteren Lebenskampf. Eine gute Abhärtung darin kann deshalb von Nutzen sein. Man muß nur nicht dem Irrtum verfallen, daß man nicht gemocht wird, wenn man von Geschwistern in rüdem Ton angemotzt wird. Man sollte da schnell einen Schwamm drüber tun und die Frechheiten nicht auf die Goldwaage legen.

Sinnvoll zur Vertiefung des Familienlebens im Jugendalter sind auch Vorschläge zu gemeinsamen Unternehmungen am Sonntag oder an Wochenenden. Wanderungen, Radfahrten mit Picknick in der näheren

Umgebung sind allerdings viel wirksamer als zu lange Autofahrten zu fernen Zielen am Wochenende; die soll man auf die Ferien verlegen. Aber da werdet Ihr sicher z.T. auch schon Eure eigenen persönlichen Pläne haben. Das Leben besteht schließlich nicht aus Familie allein, wie Deine Freundschaft zu Erik ja auch bereits zeigt. Aber zu versuchen, aus diesem so schnell vorübergehenden Zeitabschnitt mehr zu machen als ein Nebeneinander-Herlaufen, das, finde ich, ist ein Ziel, für das es lohnt, sich einzusetzen.

Du hast bestimmt noch viele andere Ideen parat, die besonders für Euch als Familie zutreffen und auf die ich niemals kommen könnte, weil ich Deine Familie nicht kenne.

Da Du Dein Bedürfnis nach mehr Qualität bei der Gestaltung des Feierabends in der Familie angesichts Deiner Bekanntschaft mit unserer Familie entwickelt hast, will ich es auch nicht auslassen, Dir zu erzählen, daß wir uns nach dem Abendessen zum Bibel-Teilen versammeln. Einer schlägt die Bibel irgendwo auf, nachdem wir vorher ein kleines Gebet gesprochen haben. Reihum liest jeder einen Passus. Hinterher reden wir darüber, was er bedeutet und vielleicht auch für uns am heutigen Tag bedeuten könnte. Wir sind nämlich davon überzeugt, daß es sinnvoll und klug ist, Gott, unserem Vater, in der Familie täglich die Ehre zu geben. Aber wie gesagt: Für Eure Familie müßt Ihr

Euren eigenen Stil finden. Manchmal läßt sich der Abend auch vertieft gestalten, indem etwas Gutes, Interessantes vorgelesen und hinterher darüber gesprochen wird.

Liebe Lea, ich finde es ganz toll, wie Du Dich für Deine „Nächsten" innovativ mitverantwortlich fühlst!

Schöne Grüße, auch an Erik,
Deine Christa Meves

Skins und Punks – mega-cool?

Liebe alte Spieltante,

bitte nicht sauer sein, daß ich Sie so anrede.
Ich will nur, daß Sie merken: Ich kenne Sie schon
lange. Als ich acht war, bin ich eine Zeitlang zum
Spielen zu Ihnen gekommen – und dabei haben Sie
sich selbst mal so genannt. Jetzt bin ich 13, und
im Grunde ist alles okay; aber ich habe eine Frage.
Damals konnte ich auch immer mit allem kommen.

Wir sind im Sommer umgezogen, und nun bin ich
in einer anderen Stadt und in einer anderen Schule
in die sechste Klasse der Orientierungsstufe gekommen. Da gibt es nun eine Clique, mit der ich
nicht klar komme. Einer davon ist sehr stark, größer auch schon als die anderen, ist wohl auch älter. Der ist der Boß. Auf den hören die anderen –
fünf Jungs und zwei Mädchen – wie auf Kommando.
Alle haben sich die Haare scheren lassen, manche
haben ein Büschel gefärbter Haare auf dem Schei-
tel, d.h. die Mädchen nicht. Die haben sie nur
durcheinandergefärbt und gestylt. Sie haben
Klappmesser dabei, und die meisten tragen Nagel-
stiefel. Manchmal haben sie auch mit Nieten be-

schlagene Jacken und so was wie 'ne Kampfklei-
dung an. Ein paar Mal gab's wegen ihnen schon
Zoff auf dem Schulhof. Da haben sie wen verdro-
schen, und die Lehrer waren ziemlich aufgeregt.
Einer hat sogar ein paar Tage Schulverbot gekriegt.

Sie reden auch ziemlich geschwollen daher. Sie
geben an mit Demos und machen Straßenschlachten mit den Autonomen. Mein Vater sagt,
die seien „rechtsradikal", aber damit kann ich
nichts anfangen. Ich glaube, sie selbst nennen
sich Punks. Aber meine Schwester sagt, es wären
Skinheads. Wollen die nun einfach Randale
machen? Oder was muß man davon halten? Manches finde ich auch echt geil. Das Piercing in der
Nase und am Bauchnabel zum Beispiel, den die
Mädchen dann offen tragen, auch daß sie sich
wohl wehren wollen oder können. Damals bei Ihnen
machten wir immer Schwertkämpfe mit Plastik-
schwertern.

Die Leute sind mir ja irgendwie unheimlich, und
doch finde ich sie mega-cool. Im Grunde würde ich
da gern mitmachen. Aber bringt das was? Meine
Eltern halten sich da raus. Bitte sagen Sie mir
doch, wo's langgeht!

Gruß, Markus

LIEBER MARKUS,

Das war ja eine Überraschung, mal wieder etwas von Dir zu hören! Donnerwetter – und jetzt bist Du schon 13?! Würde ich Dich überhaupt noch erkennen? Ich kann mir auch gut vorstellen, daß Du Deine Kumpel in der neuen Klasse fast doch mit ein bißchen Bewunderung beobachtest. Du hast bei mir gelernt, Dich zu wehren – und Du möchtest, klar!, auf der Seite der Starken sein und nicht bei denen, die sich vor ihnen ducken und womöglich von ihnen angegriffen werden. Sie treiben ja wohl auch so eine Art Wehrsport, und das scheint, so meinst Du vielleicht, irgendwie auch auf der Linie zu liegen, in der wir damals Sich-Wehren-Können eingeübt haben. Aber das ist im Grunde ein gewaltiger Unterschied. Das muß ich Dir unbedingt erklären.

Schau, man muß bei diesen Gruppierungen doch wohl noch etwas genauer hinschauen. Die meisten machen ja – oft in irgendwelchen Kellern – Treffen, bei denen nicht einfach nur Kampfsport allein betrieben wird, wo es also nicht wie in der Praxis bei mir darum geht, eine Hemmung beim Sich-Durchsetzen zu überwinden. Diesen Skinheads wird vor allem eine bestimmte Weltanschauung eingebleut. Die ist in der Tat „rechtsradikal", wie Dein Vater es wahrheitsgemäß bezeichnet hat. Aber was bedeutet das?

Nun, vor mehr als 60 Jahren, von 1933 bis 1945, hat es in Deutschland eine sogenannte nationalsozialistische Diktatur gegeben. Adolf Hitler, aus Österreich stammend, hat in Deutschland eine Partei gegründet und seine Leute ähnlich darauf eingeschworen, wie Dein Boß seine Mannschaft. Hitler war der Meinung, daß die Deutschen eine „Herrenrasse" seien, und daß sie deshalb die Aufgabe hätten, in Europa ein Reich zu errichten, das von den Deutschen angeführt würde. Das ist natürlich eine lächerliche Anmaßung; denn wer von den Nachbarvölkern will sich schon von den Deutschen regieren und sich von ihnen unterwerfen lassen?

Deshalb konnten auch nur Krieg und eine furchtbare Niederlage dabei herauskommen. Aber bevor das nun alles in Blut und Tränen unterging, brachte Hitler und seine Partei den Deutschen bei, wie stark, wie hervorragend sie seien. Hitler steckte jede Menge Menschen mit seinem Größenwahn an. Seine Parole für die Jugend hieß: Zäh wie Leder, hart wie Kruppstahl, flink wie Windhunde.

Mal ehrlich, Martin, im Grunde möchte man so auch gern sein, wenn man anfängt, erwachsen zu werden. Man hat es dann satt, der „Kleine" zu sein; man möchte nicht der Unterlegene, man möchte der Überlegene sein! Das ist berechtigt; aber in eine echte Stärke kann man nicht auf einmal hineinspringen. Wenn dabei etwas Vernünftiges herauskommen soll, muß sich das langsam entwickeln; denn der Mensch ist ja nicht einfach nur wirklich stark, wenn er mit Messern stechen oder mit Gewehren schießen kann!

Ein echt starker Mann zeigt sich eher darin, daß er durch Wissen und Nachdenklichkeit sich eine starke Position in unserer Welt schafft. Deshalb geht ihr schließlich zur Schule, damit ihr die Chance bekommt, später dergleichen zu erreichen. Stärke, wie Hitler sie wollte und die Skinheads sie jetzt noch machen, ist eigentlich eine gemeine, eine unfaire Stärke: Sie will den anderen mit Gewalt zwingen – in den meisten Fällen zu etwas, was der Angegriffene weder selbst will noch wollen kann, weil er dabei sogar oft direkt zu Schaden kommt, indem er mit Waffen bedroht und womöglich zusammengeschlagen wird. Wer möchte das schon?

Bevor Du als Grundschüler zu mir kamst, hast Du ein paar Mal erlebt, wie das ist, wenn ein gemeiner Haufen über einen herfällt. Nur auf die rohe Macht der Gewalt zu setzen, ist deshalb ein Zeichen dafür, daß der andere nicht als ein Mensch geachtet wird. Keiner kann in unserem Rechtsstaat einfach so überfallen und niedergemacht werden. Das ist gegen die Würde des Menschen. Jeder von uns sollte soviel Freundschaft für den anderen haben, daß er ihm nichts zuleide tut.

Die Leute, die sich auf Kosten irgendwelcher anderen Menschen mit Gewalt durchsetzen wollen, sind des-

halb eigentlich noch gar keine Menschen. Sie sind rücksichtslose Schläger. Deshalb werden solche Gruppierungen in unserem Rechtsstaat auch dem Gericht überstellt und u. U. mit Gefängnis bestraft, wenn sie in ihren Straßenschlachten andere Personen verletzt haben. Deshalb werden solche Banden auch vom Staat, von einer Einrichtung, die man Verfassungsschutz nennt, beobachtet und – falls sich Bedrohliches anbahnt – verboten. Die „Rechtsradikalen" werden dabei sehr streng aufs Korn genommen; denn schließlich äffen sie ja den Verbrecher Hitler nach, der Deutschland damals in eine grauenhafte Katastrophe hineinmanövriert hat.

Es ist deshalb auch besonders übel, daß sie sich als Deutsche für besser halten als Menschen aus anderen Völkern und daraus so etwas wie eine Ausländerfeindlichkeit aufbauen, was ja bereits zu einigen furchtbaren Verbrechen geführt hat: zu Brandstiftungen in Ausländerheimen. Die Täter sind zu Recht mit hohen Gefängnisstrafen belegt worden.

Das Schlimme ist, daß viele der Jugendlichen, die hier mitmachen, den fatalen, den bösen Hintergrund nicht durchschauen. Es ist ja verständlich, daß das starke Gehabe anzieht. Das ist Dir ja auch so gegangen und wirklich nur normal. Aber man muß vorher wissen, auf was man sich da einläßt. Das ist nicht selbstverständlich; denn bei manchen Jugendlichen gibt es viel verborgene Wut – wie damals bei Dir, als Du bei mir warst. Und die muß einfach raus, sonst ist man wie ein verstopfter Vulkan.

Solchen Jugendlichen ist es deshalb ganz egal, was für eine Weltanschauung dahinter steht – Hauptsache ist, sie können ihre Wut loswerden! Sie denken nicht, sie schlagen einfach drauflos! Das nun ist gewiß nicht nur bei den Rechtsradikalen so, sondern bei allen Radikalen: auch bei den Punks, den Hooligans und den Autonomen – oder wie sie alle heißen. Die einen nennen sich „rechts", die anderen „links", die dritten sind auf Fußballschlachten spezialisiert. Es gibt auch eine ganze Reihe ausländischer Jugendbanden, die auf Gewalt aus sind. Den einzelnen Teilnehmern sind die Ziele der Anführer mehr oder weniger egal, sie sind ihnen häufig sogar nicht einmal genau bekannt. Diese Banden sind im Grunde einander viel ähnlicher, als sie scheinen: Sie sind Getriebene einer Aggression, die sie nicht gut genug mit ihrem Willen steuern können. Deswegen haben die Straßenschlachten zwischen rechten Skinheads und linken Punks eigentlich den gleichen Hintergrund: Beide „Parteien" suchen einen Feind, auf den sie mit brutaler Gewalt eindreschen können. Häufig müssen dann oft auch die Polizisten ihre Haut für solche gewalttätigen Aggressionsentlastungen hinhalten.

Das ist also alles nichts für Dich, Markus! Man muß zwar erkennen, daß man ein Bedürfnis danach hat,

sich auszutoben, stark zu werden und Wut zu ent-
lasten. Das sollte man nicht zurück in die Seelen-
schublade klemmen. Du weißt, das ist sehr ungesund
für die Seele! Das beste Mittel, damit zurechtzukom-
men, ist möglichst viel Gemeinschaftssport. Den gibt
es bei uns ja nun wirklich in so vielen, oft sehr gut
geführten Vereinen. Also ran – an Volleyball, Fußball,
Basketball, Faust-/Handball, Tennis oder was auch
sonst immer. Da darf man kämpfen, mit guten sinn-
vollen Spielregeln, die ein wildes, brutales Ausufern
verhindern, da gibt es Gemeinschaft – auch von Starken, die aber gleichzeitig bereit sind, sich in Schach
zu halten, statt sich wie Piraten zu gebärden.

Lieber Markus, laß den Skinheads, Punks und Autonomen ihr geltungssüchtiges Gebaren! Sie zeigen
damit nicht echte Stärke, sondern viel eher Schwäche.
Denn wer angibt, hat's nötig! Und wer aus der Gruppe heraus Stärke demonstriert, ist zumeist feige. Such'
Du Dir gute Freunde in einem guten Sportverein, und
Du wirst weiter vorankommen. Das wünsche ich Dir
sehr herzlich!

Deine Christa Meves

Höflich sein – wozu?

Sehr geehrte Frau Doktor,

über diesen Brief werden Sie sich sicher wundern; denn eigentlich kenne ich Sie gar nicht. Wir sind uns nur einmal vor vierzehn Tagen im Stadtbus begegnet. Der war voll, Sie standen vor mir und fielen fast um, als der Fahrer mal wieder eine seiner scharfen Kurven fuhr. Als ich von meinem Sitz aufstand, damit das nicht noch mal passierte, fragten Sie mich, ob ich Deutscher sei. Das ist der erste Grund für diesen Brief. Ich muß das wissen: Warum haben Sie mich das gefragt?

Der zweite Grund ist das Heft, das Sie mir schenkten, bevor Sie ausstiegen, ein Buch für Kinder. Sie haben es bestimmt selbst geschrieben. Ich habe es durchgelesen, und gleich an der ersten Geschichte konnte man erkennen, daß Sie mit Jugendlichen zu tun haben und denen helfen. Vielleicht können Sie auch mir helfen. Sie wohnen allerdings ziemlich weit weg. Ihre Adresse habe ich auf einer Postkarte gefunden, die in dem Heft steckte. Aber es stand nicht drauf, was Sie machen. Ich denke, sicher sind Sie irgendwas mit Doktor. So, jetzt kommt mein Versuchsballon. Ich bin gespannt, ob er ankommt.

Ich heiße Georg P. und bin 13 Jahre alt. Ich wohne seit ein paar Monaten in dem Heim an der Schwalbenstraße. Aber da gefällt es mir wirklich überhaupt nicht. Die Jungen in meinem Alter sind irgendwie doof – laut, frech, flapsig. Zu den beiden, die mit mir im Zimmer sind, kriege ich einfach keinen Draht. Ich möchte so gern in eine Familie; aber das Jugendamt hilft mir nicht, eine zu finden. Vielleicht wissen Sie jemand?

Die Sache ist nämlich die, daß meine Mutter vor einem halben Jahr an Krebs gestorben ist. Wir hatten keine Familie. Mein Vater ist, als ich noch ganz klein war, von der Stasi in der DDR verschleppt worden. Lange hat Mutter nicht gewußt, was mit ihm ist, und dann hat sie die Nachricht gekriegt, daß er in der Haft gestorben ist.

Meine Mutter war sehr lieb. Sie ist mit mir nach der Wende in den Westen gezogen, weil sie dachte, hier eher Arbeit zu finden. Aber das war Sense, und so lebten wir von der Sozialhilfe. Das war aber

gar nicht so schlecht; meine Mutter war jedenfalls immer da. Ich habe mich gut mit ihr verstanden. Jetzt bin ich allein und muß sehen, wie ich
durchkomme. Vielleicht finden Sie ja jemand für
mich!

Nochmals Dank für das Buch.

Georg

LIEBER GEORG,

ja, Du hast recht, Dein Brief hat mich erstaunt, aber auch erfreut; denn ich erinnere mich an unsere Begegnung noch sehr genau. Ich war mit meinem ziemlich schweren Koffer auf dem Weg zu einer Veranstaltung im Bildungshaus. Du standest im Bus auf, machtest mir Platz und sagtest auch noch: „Bitte!" – Ich bin so etwas bei meinen häufigen Fahrten in vollen Bussen nicht gewöhnt. Kinder stehen heute nur selten auf, um alten Leuten Platz zu machen. Und das war auch der simple Grund für meine Frage, ob Du Deutscher seist: Wenn mir dergleichen zwar selten, aber doch mal geschieht, stelle ich immer diese Frage. Bisher waren es dann immer Ausländer, die mir höflich ihre Achtung vor dem Alter gezeigt hatten. Du warst der erste, der meine Frage mit Ja beantwortet hat, eine Ausnahme also unter den Scharen von schlecht erzogenen deutschen Kindern.

Ich kann mir jetzt auch bereits vorstellen, wieso Du Dich besser benimmst: Du hast in einer engen Gemeinschaft mit einer Mutter gelebt, die Du gern hattest. Ihr hattet ein schweres Leben und konntet Euch nur mühsam durchbeißen; aber kultivierte Lebensart, die hat Deine Mutter Dich offenbar gelehrt; das sah man Dir an Deinem ganzen Verhalten an. Als ich Dir das Heft schenkte, sagtest Du zu meiner weiteren Verblüffung auch noch „Danke" – ein Wort, das ich aus dem Mund eines deutschen Jugendlichen seit längerer

Zeit nicht mehr gehört habe, und das empfinde ich als sehr schade.

Du wirst das in Deinem Leben noch oft erleben, wie hilfreich Dir die gute Erziehung Deiner Mutter sein wird; denn offenbar hat sie Dir nicht einfach nur ein paar Höflichkeitsfloskeln beigebracht, sondern die aufmerksame Beobachtung und Achtung vor den Menschen, mit denen Du umzugehen hast. Du sahst das eben, wie ich da durch den Bus geschleudert wurde! Die anderen vielen Jugendlichen ringsum nahmen das doch gar nicht wahr! Sie mümmelten stumpf Kaugummi kauend, schläfrig vor sich hin. Deine Einstellung, die eine respektvolle Höflichkeit zur Folge hatte, ist – bestimmt auch bei vielen anderen Gelegenheiten – eine fabelhafte Sache. Man muß sich anfangs zwar immer einen kleinen Ruck geben, aber dann hat man rasch davon Gewinn.

Ich frage mich, warum viele Jugendliche das heute so oft nicht mehr drauf haben, und ich glaube, daß ein Teil der Antwort heißt, daß sie das Wohlleben, das sie umgibt, für eine viel zu selbstverständliche Sache halten. Die letzten zwanzig Jahre sind in Westdeutschland für die meisten Kinder ziemlich Schlaraffenland-ähnlich gewesen. Man kriegt von allem oft überreichlich, und das macht bequem, egoistisch und schlapp. Man kriegt den Hintern einfach nicht mehr hoch – nicht, weil man dem anderen nicht helfen will, son-

dern weil man schon zu faul ist, um auch nur zu denken, daß man hier eigentlich helfen sollte.

Du hast ein schweres Schicksal erlebt, und auch die Jahre zuvor in der Obhut Deiner Mutter waren sicher nicht leicht. Aber das hat auch einen großen Vorteil gebracht: Ihr seid nicht stumpf geworden. Es war für Euch eben nicht selbstverständlich, daß Ihr immer Butter auf Eurem Brot hattet, und es war vielleicht auch nicht sicher, daß Ihr es warm hattet. Aber dann entsteht auch erst das richtige Gefühl für Dankbarkeit. Man kann sich – wenn etwas gut ist – mehr daran freuen und vergißt dann auch nicht, dem zu danken, dem man das zu verdanken hat.

Danken zu lernen ist deshalb die allerwichtigste Sache und die Voraussetzung für echtes Lebensglück später; denn eigentlich verdanken wir letztlich ja alles dem, der uns überhaupt mit unserem Leben beschenkt: unserem Schöpfer! Deine Mutter wird Dich sicher auf diesem Hintergrund zu Mitmenschlichkeit, Respekt und Höflichkeit erzogen haben.

Die Jungen in Deinem Heim sind ja selten Kinder, die ihre Eltern durch Tod verloren haben, sondern meistens sind sie von Anfang an in traurigen Verhältnissen groß geworden, z.B. in Alkohol- oder Rauschgiftfamilien, so daß sie seelisch vernachlässigt wurden. Und das macht halt unsozial, aggressiv, unzufrieden *und egozentrisch. Das mußt Du wissen. Du wirst ihnen dann vieles nicht mehr so übelnehmen, weil Du sie besser verstehst als sie sich selbst.*

Ich werde mich aber gewiß auch dafür einsetzen, für Dich eine Familie zu finden, in die Du hineinpaßt. Ich bin nämlich tatsächlich eine Frau vom Fach, das hast Du sehr scharfäugig erkannt. Und ich denke, daß es mir möglich sein wird, wenn ich etwas ausgeguckt habe, Zugang zu Deinem zuständigen Jugendamt zu bekommen, um mich für Dich einzusetzen.

Aber ich habe Dir Deine erste Frage deshalb so ausführlich beantwortet, damit Du siehst, wie sehr sich eine echt mitmenschliche Höflichkeit auszahlt, wieviel mehr sie sich bewährt, als ein Beharren auf sicheren Plätzen, ein Recht, das eigentlich keines ist, sondern lediglich eine aus Verwöhnung entstandene Anmaßung. Bleib' bei Deiner Lebensart, Georg! Ich gehe auf die Suche – Du wirst von mir hören!

Christa Meves (ohne Doktor!)

Alles nur Spießer und Blödmänner!

Was Du da von mir willst, liebe Patin,

kommt nun wirklich einfach überhaupt nicht in die Tüte! An einem Buch soll ich mitschreiben und Dir dazu ein paar Fragen stellen über das, was bei uns Jugendlichen so „in" ist? Nee! Ohne mich! Es ist eigentlich auch nichts „in". Jeder schlurft mit mehr oder weniger Bock, mehr oder weniger Frust durch den Schulalltag. Einige haben die Clique und mißbrauchen mit der gemeinsam das Wochenende. Die meisten sind eher Single. Wenn die Penne vorbei ist, verschwindet jeder in irgendeiner Lernfabrik: Schulaufgaben, Nachhilfestunden, Computern, TV, Internet. Ein paar machen Leistungssport, und zwei bis drei lernen ein Musikinstrument. Alles ziemlich stressig.

Es hat auch keinen Zweck, sich noch groß mit irgendwem zu befreunden. Die Mädchen in unserer Klasse sind eh dumme Gänse und unter den Jungs übertrifft ein Blödmann den anderen. Keiner redet richtig mit dem anderen. Ein paarmal habe ich in solche Versuche einiges investiert:

nach Hause eingeladen, nach der Schule Tischtennis gespielt, abschreiben lassen, aus der Patsche geholfen.

Aber dann passiert etwas, und der sogenannte Freund müßte zeigen, daß er ein echter Freund ist – Fehlanzeige. Dann stehste da und fragst den Feigling: „Warum hast du nicht auch den Mund aufgemacht?" Und der dreht sich um und zuckt mit den Schultern.

Nee, unsere Klasse besteht vor allem aus Spießern – und deren Eltern solltest Du mal sehen! Die Väter, wenn die überhaupt auftauchen bei den Schulfeten, haben Bierbäuche und geben 'ne Welle an. Die Mütter sind eingebildet und schwätzen dummes Zeug daher. Mir stinkt das alles!

Einmal hab' ich mal 'ne Weile einen Lehrer sehr gern gemocht. Der hat jeden einzelnen von uns so richtig ernst genommen. Der kannte alle, hat keine Namen verwechselt und hat einen Unterricht gemacht, der echt spannend war. Bei dem hab' ich direkt was für die Schule getan. Die Klassenfahrt mit dem war die einzige, an die ich mich später noch erinnern werde. Der hat ein super Programm gemacht. Sich für den einzusetzen, das machte Laune! Aber das haben mir die Blödmänner in unserer Klasse dann wieder vermiest. Sie haben rumgelabert und gesagt, ich sei ja schwul. Der Lehrer ist leider bald danach auch versetzt worden. Nun haben wir nur noch ein ganzes Lehrerzimmer voller Trantüten und Erzspießer. Nee, darüber läßt sich nichts schreiben, ist alles nur zum Kotzen!

Ich bin froh, wenn ich meinen Computer einschalten kann. Der hat mir immerhin etwas zu bieten. Wenn Du willst, kannst Du diesen Brief gern in Dein Buch tun, damit die Leute mal merken, was Sache ist, statt immerzu nur vor sich hinzuheucheln. Nichts für ungut!

Dein Stefan

P.S.: Zum Geburtstag wünsche ich mir übrigens die neue Software von Free Speech; die soll echt schräg sein!

LIEBER STEFAN,

danke, daß Du mir wirklich einen Brief geschrieben und mir sogar am Schluß noch die Erlaubnis gegeben hast, ihn in mein Buch aufzunehmen. Der Name Stefan ist schließlich auch so häufig, daß man ihn gar nicht erst zu ändern braucht, damit man in Deiner Umgebung nicht erkennt, daß Du dahinter steckst. Und was Du schreibst, ist nach meiner Erfahrung bei manchen vierzehnjährigen Jungen, die ich kenne, so ähnlich, daß auch das Dich nicht verrät. Deshalb soll meine Antwort auch keine an Dich allein sein, sondern an alle, die so ähnliche Meinungen haben wie Du.

Wenn man Deinen Brief nur oberflächlich liest, erschrickt man zunächst. Da kommt soviel Verachtung zum Vorschein, manchmal auch eine dicke Portion Respektlosigkeit – angesichts all der „Blödmänner", von denen Du angeblich umgeben bist. Liest man ihn zum zweiten Mal, merkt man, daß hinter diesen wütenden Rundumschlägen Enttäuschung sitzt. Es ist so, als wolltest Du Dir die Trauer über Deine schlechten Erfahrungen nicht anmerken lassen, und das versuchst Du, indem Du Dich schmollend zurückziehst und die Menschheit in Bausch und Bogen für unzureichend erklärst. Du rettest Dich vor der Resignation, indem Du Dich nach dem stolzen Motto aus der Schlinge ziehst: „Alle anderen haben einen Vogel – nur ich habe keinen!"

Psychologen nennen dergleichen einen „Abwehrme-chanismus", das heißt: Man wehrt sich dagegen, nie-dergedrückt zu werden, indem man sich in stolzer Iso-lation über seine Umwelt erhebt. Wenn Du dieses Dein eigenes Verhalten erst einmal als eine Strategie zum seelischen Überleben verstanden hat, ärgerst Du Dich auch nicht mehr zusätzlich darüber, daß Eltern über eine solche Einstellung ihrer vierzehnjährigen Söhne den Kopf schütteln. Jedenfalls hat es wenig Sinn, daraufhin nun auch die noch anzumotzen. Da-durch gerät man nur immer tiefer in diesen Abwehr-mechanismus hinein. Versteht man ihn hingegen, so kann man ihn kritisch unter die Lupe nehmen; denn wenn man vierzehn ist, sollte man seine eigene Erzie-hung ohnehin selbst in die Hand nehmen. Die Erzie-hungszeit der Eltern ist dann weitgehend passé.

Hinterfragt man zu diesem Zweck also die negativen Ansichten über seine Umgebung, so läßt sich als er-stes feststellen, daß sie zwei große Nachteile haben: Man ist immer öfter allein, ja, man wird einsam, ob-gleich man in seiner Kindheit oft auch erlebt hat, daß es schön ist, Spielkameraden zu haben, daß es Freude macht, etwas gemeinsam zu unternehmen. Wir Men-schen sind von Natur keine Einzelgänger, Stefan, wir haben ein Bedürfnis nach Geselligkeit, zumindest nach Freundschaft mit jemandem, der mit einem gleichgesinnt ist und ähnliche Interessen hat. Den zu finden, wird freilich immer schwieriger, wenn man erst mal eine allgemeine Menschenverachtung in sich hochgezüchtet hat.

Dann setzt der zweite Nachteil ein: Man begegnet den Menschen, mit denen man es zu tun hat, nur noch wenig freundlich. Im besten Fall wirkt das wie Verschlossenheit, wie Gleichgültigkeit, im weniger guten Fall wird man von den anderen als abweisend, als hochnäsig, als stolz eingestuft. Und dadurch setzt natürlich ein Teufelskreis ein: Man wird selbst abgewiesen, selbst abgelehnt und links liegen gelassen. Das wieder verstärkt die Enttäuschungen an den Menschen. Schließlich scheint es einem, als seien alle mehr oder weniger widerlich.

Das, lieber Stefan, ist in Wirklichkeit aber nicht der Fall! Zwar gibt es sicher eine ziemlich große Zahl von Jugendlichen Deines Alters, die sich ähnlich festgezurrt haben. Aber wenn man versucht, sie zu verstehen, wie ich hoffe, daß Du Dich nach dieser Erklärung besser verstehst, dann kann es sogar Spaß machen, diesen selbstgebastelten Panzer zu durchbrechen. Natürlich kann man dabei an einen echten Feigling geraten, wie Du es erlebtest, vermutlich, als Du in der Klasse für die anderen mal den Mund aufgemacht hast. Aber deswegen braucht die Freundschaft noch nicht gleich für alle Zeiten ad acta gelegt zu werden! Solange man schwach ist, ist Zivilcourage noch nicht zu erwarten.

Warst Du selbst denn immer tapfer? War nicht vielleicht in solchen Situationen auch schon jemand von Dir mal enttäuscht? Es lohnt sich, darüber nachzudenken, obgleich man die Situation, in der man selbst jemanden kränkt, viel leichter vergißt als die, in denen man gekränkt wurde! Aber es lohnt, darüber nachzudenken, weil man dann merkt, daß man auch nur ein Mensch ist, mit kleinen gelegentlichen Webfehlern!

Hat man das im Griff, so setzt man sich nicht mehr so leicht auf ein hohes Roß per „Abwehrmechanismus". Und das ist eine wichtige Voraussetzung, um von den Menschen angenommen zu werden, von denen man gern angenommen werden will. Behandelt man andere Menschen nämlich von oben herab, so kriegen die Angst davor, daß man sie beherrschen will, und gehen viel lieber wieder ihres Weges.

Du siehst: Freunde zu finden, hat einige Voraussetzungen. Man sollte auch eine einzige negative Erfahrung nicht verallgemeinern und denken: Alle sind gleich feige wie der eine, der Dir nicht beistand. Es lohnt sich, nicht den Mut zu verlieren und stattdessen weiter zu suchen. Das geht nur, wenn man sich mit den anderen auf eine Stufe stellt und ihnen freundlich (das bedeutet „wie ein Freund") entgegenkommt. Man sollte sich vornehmen, nicht zuviel zu erwarten, sondern sich stattdessen einbringen, d. h. den anderen auch einmal etwas zuliebe tun, sich in die anderen hineinversetzen, um sie zu verstehen, statt nur an sich zu denken und daran, was für einen selbst dabei herauskommen könnte. Wenn man sich positiv einstellt, kommt man viel leichter ans Ziel!

Zum Schluß will ich noch einmal auf Deinen Bericht über den so guten Lehrer und Deine Zuneigung zu ihm eingehen. Wie Du, bin ich empört über die dumme Unterstellung Deiner Mitschüler, Du seist schwul. Solches Gerede ist wirklich gemein, da stimme ich Dir sehr zu. Und daß dergleichen Gerede heute so häufig ist, ist einmalig in der Weltgeschichte – aber keine gute Neuheit!

In diesem Punkt muß ich Dir sehr zustimmen. Es ist bestimmt kein Zeichen von sozialem Fortschritt, wenn es in Jugendgruppen immer mehr einreißt, daß hintenherum über Dritte gequatscht wird und über einen blöde Witze gerissen werden. Oft enthalten die sogar Lügen und Unterstellungen. Wie oft hat das dann zur Folge, daß der so lächerlich Gemachte ausgegrenzt wird – wie beim Tschilpen der Vögel einem gefährlichen Eindringling gegenüber. Dieses Wegtönen haben die Biologen mit dem Ausdruck Mobbing versehen. Es kommt aber heute auch allzu häufig schon bei Menschengruppen vor.

Ich habe kürzlich sogar erlebt, daß ein Mädchen von ihren Klassenkameradinnen so sehr angefeindet wur-

de, daß sie dadurch seelisch erkrankte und ausge-
schult werden mußte. Es lohnt sich, darauf achtzu-
geben, wenn sich – durch üble Nachrede erkennbar –
ein Mobbing in der Klasse anbahnt. Wenn man sich
dann auf die Seite des mehr oder weniger direkt Ver-
höhnten stellt und den Verleumdern klarmacht, wie
gemein sie sind, wird den Angreifern oft der Wind aus
den Segeln genommen. Wenn man selbst zum Opfer
von Unterstellungen zu werden droht, sollte man sich
nach einem Verbündeten umsehen. Ein Anständiger
mit Zivilcourage läßt sich in fast jeder Gruppe finden.

Und auf gar keinen Fall würde ich mich einschüchtern
lassen; denn im Hinblick auf Deine Gefühle für den guten Lehrer läßt sich doch sagen: Freu Dich daran, erlebt zu haben, wie Liebe ist! Sie macht positive Gefühle, sie aktiviert, sie bringt dazu, von sich wegzuden-
ken. Bei dem Lehrer hast Du bestimmt im Unterricht
fabelhaft mitgearbeitet. Dieser Lehrer war für Dich ein
Vorbild, und so etwas braucht man, wenn man jung
ist. Schließlich will man sein Leben ja nicht vergam-
meln. So wie dieser Lehrer sich einsetzte, so möchte
man sich auch einsetzen. Man merkt, daß man dadurch glücklich wird. Zum Fan von einem tollen Lehrer
zu werden, hat mit Schwulsein nichts zu tun.

Mit vierzehn haben die meisten Jungen noch nichts
wirklich mit Mädchen am Hut. Das taucht erst auf,
wenn man in seiner männlichen Wesensart noch er-

wachsener geworden ist. Dann werden die Mädchen erst so richtig anziehend – und dann wirst Du sicher auch die eine oder die andere in Deiner Umgebung nicht mehr als dumme Gans erleben wollen, sondern als ein Wesen, mit dem man sich ganz besonders gut unterhalten und verstehen kann – mehr oft plötzlich als mit Kumpeln.

Manchmal fängt das allmählich mit der Schulzeit schon an, manchmal auch erst während oder nach der Ausbildungszeit. Jedenfalls ist auch das kein Zeichen von Schwulsein, daß man erst später eine Freundin oder womöglich erst kurz vor der Heirat die Frau fürs Leben findet. Aber dafür hast Du ja noch soviel Zeit! Laß Dich von dem Geschrei Deiner Meute nicht irre machen. Die haben – ohne echt informiert zu sein – nur ein paar ziemlich üble Parolen nachgeplappert.

Homosexualität ist etwas ganz anderes. Es ist eine seelische Störung, die es später unmöglich macht, irgendeine Frau so anziehend zu finden, daß man sich mit ihr erotisch verbinden möchte. An dem Pauschalurteil von Halbwüchsigen, daß alle Mädchen dumme Gänse seien, kann man das bestimmt nicht ablesen. Eher ist die Fasziniertheit durch ein männliches Wesen in diesem Alter ein Zeichen dafür, daß das Mann-Sein im Begriff ist, auszureifen. Und das ist als Vorstufe zur Annäherung an die Mädchen eine wichtige und notwendige Voraussetzung.

Lieber Stefan, wie sehr wünsche ich Dir, daß Du Dich nicht unsicher machen läßt und daß Du kein einsamer Menschenverächter wirst! Wer auf die Menschen zugeht, tut damit auf die Dauer nicht nur sich selbst etwas Gutes. Und vielleicht darf ich als Deine Patin, die Dich aus der Taufe gehoben hat, noch hinzufügen: Wenn Du es aufgibst, Dich wie ein Hagestolz zu benehmen, und Dich stattdessen um aufmerksame, hellhörige Freundlichkeit gegen Deine Umwelt bemühst, so erfüllst Du damit bereits schon ein sehr wichtiges Hauptstück unseres Lebenssinnes überhaupt: Unser Gott, Jesus Christus, will, daß wir nicht einfach lose Blätter im Wind bleiben. Er hat vor 2000 Jahren vielmehr wie ein Mensch auf dieser Erde gelebt, um uns zu sagen, worauf es ankommt: daß wir an die Stelle von Eigennutz und Stolz, so wie er es uns vorlebte, auf die Liebe setzen, in Dankbarkeit für den Schöpfer, der uns geschaffen hat und jeden von uns wie ein Vater liebt.

Wie wichtig solche Gefühle sind, hast Du an der Episode mit Deinem Lehrer erfahren. Wer so Liebe erlebt hat (was beweist, daß man liebesfähig ist!), rechnet dann auch Eltern und Lehrer nicht einfach pauschal zu den „Blödmännern". Sie alle haben schon eine Portion gewiß nicht immer leichten Lebens bestanden. Viele haben Kinder großgezogen – und das ist eine schwere, sehr opfervolle und dadurch wertvolle Aufgabe. Viele haben mit Ausdauer gelernt und schwere

*Examen gemacht. Wenn man darüber nachdenkt,
kann man auch davor Respekt bekommen und ihnen
deshalb höflich begegnen; denn das alles will ja von
Dir selbst erst noch bestanden werden!*

*Versuch' es einmal damit, Stefan! Du wirst merken:
auf Deine Konfirmation Dich vorzubereiten, das lohnt
sich. Wenn man auf Jesus als Vorbild setzt, kann man
es viel weiter bringen! Wie sehr wünsche ich mir das
für Dich!*

Deine Tante Christa

Sex als Pflichtübung – nein, danke!

Hallo, Christa Meves,

ich war eine von denen, die am vergangenen Wochenende bei Ihrem Vortrag in Stift Göttweig dabei waren. Ich fand es super, daß Sie gesagt haben, man dürfe Ihnen schreiben, wenn man noch Fragen zu dem Thema Liebe und Sexualität hat. Nun habe ich zwei Fragen: a) Ob es wohl möglich ist, daß Sie mir Ihren Vortrag zuschicken, damit ich noch länger darüber nachdenken kann? Und b) Zwar haben wir ja schon am Abend ausführlich mit Ihnen über dieses Ihr Vortragsthema diskutiert, aber nun brennt mir wirklich noch einiges auf den Nägeln.

Nach Ihren Ausführungen könnte ich mir ja direkt etwas einbilden; ich habe nämlich noch nie mit einem Jungen geschlafen, obwohl ich demnächst bereits 17 werde. Ich bin damit in meiner Klasse fast die einzige – und das kann auch ganz schön nerven. In den Pausen erzählen die anderen dann immer von ihren tollen Erlebnissen. Die meisten nehmen die Pille, viele haben außerdem ein Kondom dabei. Vor einiger Zeit waren Leute von der Aids-Hilfe bei uns im Unterricht. Die haben noch mal genau erklärt, wie man verhüten und sich vor Ansteckung schützen kann. Okay. Aber erstens: Wenn ich mir so die Leute in meiner Klasse anschaue – von keinem der Jungs möchte ich auch nur geküßt werden, und schon ganz bestimmt nicht mehr! Wenn man neben denen sitzt, riechen sogar einige nach Schweiß oder ungewaschenen Pullis. Nein danke, denke ich mir dann meist angewidert.

Und auch sonst habe ich noch kein männliches Wesen entdeckt, in das ich richtig verknallt wäre. Ja, einmal als ich dreizehn war, habe ich eine Weile für einen tollen Lehrer geschwärmt, aber der hat dann bald geheiratet. Dem hab' ich 'ne Weile nachgetrauert – aber sonst? Sense! In meiner Clique gerate ich damit aber mehr und mehr in eine Außenseiterposition. Zwar sagen die ziemlich tolerant, das müsse jeder selber wissen, aber das kommt doch im Grunde ganz schön von oben herab und läßt bei mir immer öfter die Frage auftauchen: Bin ich eigentlich noch normal? Und wenn nein, wäre es dann nicht vielleicht berechtigt, wenigstens so zu tun als ob, um nicht so randständig zu werden?

Antworten Sie mir? Darüber wäre ich happy.

Janina

LIEBE JANINA,

über Deinen Brief habe ich mich gefreut; denn erwachsene, echte Mündigkeit zeigt sich schließlich gewiß nicht darin, daß man sich ohne nachzudenken so verhält, wie es die Mehrheit der Gleichaltrigen der jeweiligen Gruppe tut, sondern stattdessen fragt: Wie fühle ich mich, wenn ich mir ausmale, in der Weise zu leben wie die anderen? Und falls man dann die Vorstellung gewinnt, daß das Resultat nicht positiv ist – wie in Deinem Fall – darüber nachdenkt, wie man damit am besten umgeht. Und dabei hast Du mich mit Deinem Brief teilnehmen lassen. Auch das finde ich richtig. Man kann nicht alle Probleme seines Lebens allein lösen, dazu ist man sich selbst viel zu nah, und erst recht nicht kann man das als junger Mensch; denn man fängt schließlich erst an, eigene Erfahrungen zu sammeln, und deshalb ist es sinnvoll, Kontakte mit Älteren aufzunehmen, in der Hoffnung, von deren Lebenserfahrung lernen zu können. Daß Du mich zu einer solchen Person Deines Vertrauens ausgewählt hast, ehrt mich.

Und nun zu Deinen persönlichen Fragen. Du kannst aus dem Vorhergehenden bereits entnehmen, daß ich ein solches Fragen, wie Du es tust, für außerordentlich wünschenswert halte. Eins ist klar: Natürlich spielt in Eurem Alter beim bewußten Erleben erotischer Gefühle die Lust auf das Neue eine wichtige Rolle. Doch von großer Bedeutung ist vor allem der Nachahmungstrieb, der oft unterschätzt oder aber vorsätzlich verschwiegen wird. Und genau um den soll es hier gehen. Der Nachahmungstrieb enthält die Möglichkeit, von denen, die vor einem laufen, zu lernen. Hätten wir diesen Naturtrieb nicht, wir würden uns keineswegs in der gleichen Weise unendlich viele Dinge zunächst von unseren älteren Geschwistern, von den Erwachsenen und den Spielgefährten in unserer Umgebung abgucken. Wir werden durch unsere Kindheit hindurch geradezu getrieben, nachzuahmen.

Im Jugendalter geht dieser Antrieb keineswegs verloren, im Gegenteil: Er verstärkt sich noch! Nur hat man jetzt meistens keine Lust mehr, die nächsten Angehörigen nachzuahmen, von denen wünscht man sich meist eher, sich ein Stück in Gegensatz zu setzen – schließlich muß man ein selbständig denkender Erwachsener werden. Aber gerade wegen dieses Bedürfnisses nach Distanzierung im Nahfeld gerät man umso leichter in eine Überanpassung an das, was die Mehrheit in der Gruppe der Gleichaltrigen in Schule oder Clique für richtig hält. Auch hier wird man also, wenn man nicht nachdenkt, zur Nachahmung getrieben.

Interessant ist, daß Mehrheit hier nicht einfach so passiert, sondern daß es auch hier zunächst mal einzelne sind (die Gruppenpsychologie nennt sie Alpha-Personen), die den Ton angeben und die anderen, im Grunde genau wie der Leithammel bei den Schafen, zum Nachlaufen und zum Blöken auf dem gleichen Ton bringt. Der „Leithammel" ist bei den Menschen meist eine Person, die sich besonders gut in Szene zu setzen weiß, die stark extravertiert, oft auch besonders geltungsbedürftig ist. In solchen Fällen vertreten diese „Anführer" meist die im Zeitgeist anerkannten Meinungen, die sie aus den Medien gelernt haben; denn damit stoßen sie erfahrungsgemäß auf wenig Widerstand. Sie brauchen nicht um eine Gefolgschaft zu kämpfen, weil sie nicht gegen, sondern mit dem Strom schwimmen, so daß ihnen die anderen gewissermaßen zufallen, zumal wenn die Alpha-Personen auch sonst im Modetrend liegen mit ihrer Figur (dünn!), mit ihrer Haartracht (kraus bis wuschelig) und mit ihrer Kleidung (Markenware in hochmodernem Zuschnitt).

Das, was ich Dir jetzt ein wenig umständlich erzählt habe, liebe Janina, ist ein Stück Information aus der psychologischen Wissenschaft über die Massengesetze. Man muß sie unbedingt kennen, um nicht – ohne zu wissen, wie einem geschieht – plötzlich im Verführungssog einer Richtung zu schwimmen, die keineswegs den gesunden Fortschritt will, sondern auf Zerstörung durch Machtanmaßung aus ist. Das wissen wir Älteren, die wir Kinder im Hitlerreich waren, sehr genau. Wir wurden von diesem Großverbrecher eingefangen wie die Kinder vom Rattenfänger aus Hameln, bis zum millionenfachen Tod „auf dem Feld

der Ehre", im Bombenkrieg, bei Flucht und Vertrei-
bung. Und deshalb besonders liegt uns heute soviel
daran, daß Euch nicht Ähnliches geschieht ...

Zwar geschieht das heute weniger durch einen einzelnen Demagogen wie damals; und dennoch gibt es in
unserem Zeitgeist eine Strömung, die gewiß nicht zu
mehr seelischer und körperlicher Gesundheit und damit gewiß nicht zu mehr Glück führt. Und damit sind
wir nun endlich direkt bei Deinem Problem: Was die
Leute in Deiner Klasse da tönen, entspricht einer Einstellung des Mainstreams, nach der man sich in Sachen Sex spätestens ab 14 ähnlich zu bedienen hat
wie bei der Haartönung oder beim Inhalt des
Schminkkoffers, nach dem Motto: „Das ist jetzt dran,
man nehme..." Du willst das aber nicht. Ja, Dich
stößt das ab. Warum stößt es die anderen nicht ab?
Nun, die Antwort ist jetzt klar: Weil ihr Nachahmungstrieb, weil ihre Anpassungsbereitschaft stärker
ist als ihr natürlicher Widerstand.

Warum ist der bei Dir größer? Weil Du ihn nicht, wie
die anderen, verdrängst, so daß er in Dein Bewußtsein
tritt. Bewußtsein und bessere Information sind die Voraussetzung dazu, der Entscheidung wirklich ins Gesicht zu sehen. Diese bezieht in diesem Fall Deine
Empfindungen mit ein: Die Jungs in Deiner Klasse, die
da für einen one-night-stand oder für eine etwas länger dauernde intime Beziehung in Betracht kommen,

erscheinen Dir ganz und gar nicht attraktiv genug. *Wie gut! Denn das ist ein positives Zeichen. Es sagt aus, daß Du ein berechtigtes Gefühl für Deinen eigenen Wert hast. Und inwiefern der frühe Sex für die meisten Mädchen viel späteres Unglück bedeutet, haben wir auf der Tagung ja schon mit all der negativen Erfahrung der Frauenärzte und der Psychologen besprochen. Ja, nicht nur späteres Unglück! Deine Freundinnen täuschen es anderen und auch sich selbst doch nur vor, daß ihr Leben einfach toll sei. Viele Mädchen haben mir in der Praxis gestanden, daß sie mit ihrem Freund schlafen, ohne das eigentlich schon zu wollen. Manche fürchten, den Freund sonst zu verlieren. Andere hoffen, dadurch mehr Ansehen in ihrer Clique zu bekommen.*

In der Praxis bei mir sieht das also ganz anders aus. Fast alle werden geplagt mit Angst vor einer Schwangerschaft, und das mit Recht, wird „safer sex" doch niemals wirklich zu „safe sex"! Ja, da kommen dann die schlaflosen Nächte, die Unfähigkeit, sich in der Schule zu konzentrieren, nicht etwa vor lauter Verliebtheit, sondern über mindestens vierzehn Tage mit der bohrenden Frage: „Wenn nun aber doch ... – was dann?"

Siehst Du, Janina, das und vieles andere Negative mehr hast Du Dir erspart. Das allein ist ein großer Gewinn. Im Grunde geschieht durch die Abkoppelung des Sex aus dem Bereich Liebe und Fortpflanzung eine Entwürdigung dieses eigentlich heiligen Bereiches der Liebe, eine Verkünstlichung, eine Technisierung, die ihr nicht bekommt. Wie viele junge Frauen, die viel frühen Sex im Schulalter hatten, klagten schon bei mir in der Praxis, daß ihnen die Lust darauf schließlich ganz und gar vergangen sei!

Gewiß heißt deshalb meine erste Antwort: Allemal sitzt Du auf dem besseren Dampfer. Allemal verhältst Du Dich auch natürlich, mit einem sicheren Gespür dafür, daß es hier auch etwas einzubüßen gibt, was Du dann später bereuen könntest.

Damit habe ich aber nun noch nicht die Frage beantwortet, wie Du Dich am besten in der Clique verhältst, um nicht zu einem Außenseiter zu werden. Du fragst, ob Du den anderen nicht vielleicht etwas vorschwindeln solltest. Denkbar, aber auf die Dauer doch wenig befriedigend. Aber eines darfst Du wissen: Da sind sicher eine ganze Reihe unter Euch, die diese Entscheidung getroffen haben, die eben aus dieser Angst vor Ausgrenzung den anderen etwas vorlügen über tolle Lover und gekonnte Praktiken. Wie das geht, weiß theoretisch und durchs Fernsehen heute schließlich jeder! Vielleicht ist es in Wirklichkeit gar nicht die Mehrheit, die echt hinter Euren Alpha-Tieren steht. Kann es nicht sein, daß einige nur mit den Wölfen heulen, ohne wirklich dazu zu gehören? Das kann Dir

helfen; denn es gibt Dir die Möglichkeit, mit überle-
genem Amüsement den Schilderungen zuzuhören und
heimlich zu fragen: Stimmt das bei Luisa? Ist das bei
Jessica wirklich so?

Nein, ich würde Dir nicht raten, es diesen gleichzutun,
sondern dazu, zwischendurch Deinen eigenen Stand-
punkt selbstbewußt zu vertreten. Zivilcourage läßt
sich heute dadurch beweisen, daß man damit nicht
hinter dem Berg hält und stattdessen den Mund auf-
macht. Du hast auf unserer Tagung gelernt, wie viele
Argumente es für Dein Verhalten gibt. Die muß man –
wohl dosiert am besten bei Einzelgesprächen – den
anderen unterbreiten. Damit rettet man nicht nur sich
selbst, sondern tut auch etwas für die anderen. Man
kann sie nachdenklich machen, und sicher wirst Du
dann sogar erleben, daß die eine oder die andere es
wagt, vor Dir die Maske der forschen Anpassung zu
lüften, ja, vielleicht kannst Du die eine oder die an-
dere sogar noch umstimmen, bevor sich Schäden ein-
stellen. Im besten Fall kannst Du die gesamte Stim-
mung in Deiner Clique zum Kippen bringen! Das gibt
es. Ich habe in jüngster Zeit einige Male erlebt, daß
daraus so etwas wie ein neuer Trotz entstand, nach
dem Motto: Wir haben es satt, wir wollen uns nicht
länger für dumm verkaufen lassen!

Nur Mut, Janina, gehst Du so an die Sache heran,
wirst Du kein Außenseiter, sondern Du gewinnst neue

Freundinnen – und die sind allemal die erwachsene-
ren! Versuch's mal damit. Ich denke an Dich und
wünsche Dir von Herzen dabei viel Erfolg.

Deine Christa Meves

P.S.: Anbei schicke ich Dir gerne meinen Vortrag vom
vergangenen Wochenende – Du wolltest ihn ja haben!

Vom Umgang mit Sexualität und Liebe

Ich habe mir heute vorgenommen, Fragen um Liebe und Sexualität zum Gegenstand dieses Vortrags zu machen. Nicht, daß Ihr fürchten müßtet, daß jetzt diese Jugendtherapeutin aus dem Norden daherkommt, um Euch auf diesem Sektor aufzuklären. Mir ist bewußt, daß es da kaum ein Detail gibt, über das man Euch nicht bereits informiert hat. Man redet schließlich heutzutage ganz öffentlich über Sex, fast noch mehr als über das Auto und über den Sport. Die meisten Eurer Eltern haben Euch ohne Prüderie erzogen, die Schule, die Medien – alle haben Euch mit Aufklärungsstoff geradezu überschüttet, und das alles hat, trotz mancher auch bedenklichen Entzauberung, schließlich den Vorteil, daß Euch das Ganze nicht unheimlich ist; daß Ihr weder überneugierig noch überängstlich seid: Ihr wißt – theoretisch – Bescheid.

Und doch fehlt etwas; denn unser Zeitgeist macht auf diesem Gebiet den gleichen Fehler wie bei den Genußgiften: Man tut nämlich so, als sei es für junge Menschen ausreichend, diese Dinge „wahlfrei" wie in einem Selbstbedienungsladen vor Euch auszubreiten und mit freundlich auffordernder Miene dazu zu sagen: „Schaut, dies alles könnt ihr haben, bedient euch, zögert nicht, probiert aus, was euch schmeckt!"

Das gefällt Euch. Oder wie Ihr sagen würdet: „Das macht Euch an"; denn schließlich seid Ihr mit Recht neugierig auf das Neuland Leben, und viele von Euch haben sich auch schon bis über beide Ohren in irgend jemanden aus Eurer Gruppe verliebt. Das ist nur allzu natürlich und normal. Und dennoch hat die Devise: „Probiert einfach aus, was euch schmeckt!" eine Teufelsklaue. Sie ist in vielerlei Hinsicht unfair. Im Hinblick auf das Nikotin, das Rauschgift, die Aufputschmittel und die beruhigenden Medikamente zum Beispiel weil man nicht deutlich genug ausspricht, wie sehr sie schaden. Im Hinblick auf all die verschiedenen Weisen des Umgangs mit dem Geschlechtstrieb ist das genauso. Diese Selbstbedienungsmentalität gründet auf einer Selbstüberschätzung der Willenskraft des Menschen. Aber die ist im Vergleich zur Gewalt der Mächte ein lächerlicher Liliput! Unser Zeitgeist hat einfach ein falsches Menschenbild, und zwar ein überhebliches.

Den Jugendlichen diese Fehlvorstellung aufzunötigen, das ist geradezu gemein; denn trotz der hochschnellenden Statistiken über die negativen Folgen wollen die Propagierer immer noch nicht sehen, daß es grundsätzlich die Gefahr gibt, in den Sog der Überreizung desjenigen Triebes zu geraten, den man einseitig anregt. Die Zigarette z.B. stimuliert den Saugtrieb, die urtümlichste Form unseres wichtigsten und größten Triebes: des Nahrungstriebes. Mit diesem kommt jeder von uns schon auf die Welt. Er ist ebenso elementar wie mächtig und wird das umso mehr, je mehr man ihn durch das Nikotin mit einer anregenden Wirkung versieht und an den Saugtrieb koppelt. Die Lust nach mehr tritt rasch ein. Je mehr der Körper sich gewöhnt, umso stärker wird das Bedürfnis nach noch mehr Konsum und desto schwerer die Möglichkeit, sich das Rauchen wieder abzugewöhnen. Das trifft auch auf Ecstasy zu!

Schwierigkeiten dieser Art treten immer ein, wenn man sich mit einem unserer elementaren Triebe isoliert einläßt, d.h. wenn man sie aus ihrem Zusammenhang löst. Ganz genauso ist das bei der Sexualität. Sie ist schließlich nichts weniger als Gottes Garant zur Fortentwicklung des Lebens, und daß sie dafür unendlich wichtig ist, wird an dem riesengroßen sexuellen Kräftepotential in der Natur ersichtlich. Bei allen Lebewesen wird da per Überschuß gearbeitet, werden endlos füllige Reserven paratgestellt: Hauptsache, es geht weiter, Hauptsache, es geht höher hinauf! Dem jungen Mann wird mit der Geschlechtsreife gewissermaßen über Nacht die ganze Geschlechtskraft zur Verfügung gestellt. Dies bewirkt ganz ohne Zweifel Spannung und innere Unruhe.

Unsere Selbstbedienungsladenmentalität bietet der Jugend nun als Entlastungsweisen Geschlechtsverkehr ab der Geschlechtsreife mit besonders warmer Empfehlung an. Aber was ist das für ein Rat? Überall hört man da nur die halbe Wahrheit; denn dabei wird selten bedacht, daß dieser Umgang mit dem Geschlechtstrieb ihn aus dem Zusammenhang mit seinem eigentlichen Ziel, dem der Fortpflanzung, herausreißt. Das ist hier nur möglich durch eine Vielfalt von künstlichen Eingriffen; denn daß das eigentliche Ziel eintritt, nämlich die Entstehung eines Kindes, muß in diesem Fall selbstverständlich unbedingt verhindert werden! Da kommen die Propagierer dann mit den Angeboten aus ihrem Selbstbedienungsladen zu weiterem Lebensgenuß: dem Koffer mit Empfehlungen zur Verhütung einer Schwangerschaft. Die Pille und die Spirale dürfen in Deutschland von jedem Frauenarzt jedem Mädchen ab vierzehn auch ohne Einwilligung der Eltern verschrieben bzw. eingesetzt werden. Okay, von jetzt an sind solche Mädchen gewissermaßen jederzeit benutzbar. Daß das geht, daß sie das tun, empfinden viele Mädchen mitläuferisch als emanzipiert, als besonders eigenständig, als besonders erwachsen – nur, daß es das in Wirklichkeit nicht ist!

Es ist genau umgekehrt: Das Mädchen wird herabgewürdigt zu einem Nutzobjekt für einen Trieb und schädigt dabei in ungezählten Fällen ihren Körper, oft ohne spätere Heilungsmöglichkeiten! Mit welchen Verhütungsmitteln auch immer: Erheblich hat der Gebärmutterhalskrebs bei den Fünfzehn- bis Fünfundzwanzigjährigen zugenommen, und zwar nur bei denen mit vielem und häufigem Geschlechtsverkehr im Jugendalter. In einer Fachzeitschrift läßt sich lesen:

„Die Krebsrate bei Frauen, deren erster Geschlechtsverkehr zwischen dem fünfzehnten und siebzehnten Lebensjahr lag, ist doppelt so hoch wie bei Frauen, die ihr Geschlechtsleben jenseits des zwanzigsten Lebensjahres begannen."

An diesen Erkrankungen wird also ebenfalls sichtbar, daß Grenzen überschritten wurden, daß Mißbrauch geschah. Unbekömmlichkeit ist allgemein ein Zeichen von Mißbrauch. Was guter Brauch ist und was böser Mißbrauch, läßt sich generell am Kriterium der Unbekömmlichkeit ablesen.

Viele junge Menschen sagen an dieser Stelle zu mir: Da habe sich niemand von den Erwachsenen einzumischen, das sei ihr Problem, es handele sich schließlich um ihren Körper, und mit dem könnten sie machen, was ihnen paßte. Aber das ist nicht wahr! Selbst wenn man die Tatsache verleugnet, daß dieser Körper uns Menschen von Gott gegeben ist, um unseren Dienst hier tun zu können, läßt es sich nicht leugnen, daß durch das Krankwerden des Leibes z.B. viele medizinische Leistungen nötig werden, damit das Leiden wieder geheilt werden kann. Es ist unverantwortlich und hat mit Erwachsensein nichts zu tun, wenn junge Menschen ihren Leib so schlecht behandeln, daß sie zwischen dreißig und vierzig Jahren zu Frührentnern werden. Sie schädigen auf diese Weise durch eigene Schuld die Gemeinschaft, in der sie leben.

Viele Jugendliche, besonders Mädchen, wehren sich heute schon gegen diesen Trend. Sie wollen sich nicht mit den künstlichen Eingriffen in ihren Körper (wie Pille und Spirale sie nun einmal darstellen) für dumm verkaufen lassen, ja, sie wissen, daß sie sich damit entwürdigen, wenn sie sich zum Nutzobjekt machen lassen. Das setzt ihr Menschsein herab. Sie wollen ihre eigene Natur, ihre eigene Seele nicht schädigen lassen, schon ganz und gar nicht durch eine Abtreibung! Wer denkt überhaupt noch darüber nach, daß laut gynäkologischer Statistik bei zehn Prozent der abtreibenden Frauen sofort schwere Komplikationen, bei dreißig Prozent Spätschäden auftreten! Da müssen die Frauen dann für ihre Leichtgläubigkeit und Leichtfertigkeit so bitter büßen!

Aufklärung dieser Art kommt heute in den einschlägigen Broschüren seltsamerweise so gut wie gar nicht vor. Aber das ist doch einfach unfair! Auf jeder Schachtel eines Medikaments hat heute per Gesetz zu stehen, was es für Nebenwirkungen hat; jeder Operateur hat mögliche Folgen seiner Operation mitzuteilen; aber auf dem Sektor Sexualität werden die Statistiken der Fachleute unterdrückt und heruntergespielt. Und warum? Um Euch über die Wahrheit zu täuschen!

Ihr werdet nun freilich wissen wollen, warum ich denn hier nun plötzlich auf diesem einen Sektor vor der Lie-

be warne, wo sie doch sonst für mich das A und O
sei, Anfang und Ende, Weg, Sinn und Ziel des Lebens.

Nun, gewiß wünsche ich Euch, daß Ihr den Lebens-
partner findet, den Ihr echt liebt, den Ihr ergänzt und
der Euch ergänzt! Wie berechtigt ist eure Sehnsucht
danach! Aber es ist eben nicht zulässig, dieses Lieben
einfach mit Sexualität gleichzusetzen. Ja gewiß, sie
krönt den Bund, sie ist in der Tat ein grandioser Einfall
unseres Schöpfers, um (samt dem Willen zum Kind)
die Hingabe füreinander und die Totalität der Zuneigung als wirkliche Entäußerung an den anderen zu
vollziehen.

Aber die Sexualität aus diesem Zusammenhang her-
auszureißen, sie zu einer Technik zu machen, die man
vor der Ehe einübt, das ist geradezu eine Art Entheili-
gung eines von den höchsten Gefühlen begleiteten
Vorgangs. Statt einer Bereicherung bedeutet das eine
gefährliche Verarmung, nämlich Gefühlsminderung
und damit Glücksverlust.

Als ich das jüngst einem sechzehnjährigen Mädchen
in meiner Praxis erzählte, sagte diese Gabi: „Aber ich
will doch von Dani nicht irgendwelche Sextechnik lernen. Nein, ich liebe ihn und er mich auch. Und wenn
wir miteinander schmusen, dann spüren wir doch,
daß wir mehr, daß wir uns wirklich ganz wollen. Das
ist doch auch jetzt schon ein ganz großes Gefühl, und

vielleicht heiraten Dani und ich ja später auch – ich
kann mir momentan wirklich gar nichts anderes vorstellen. Ich finde ihn toll."

*Das ist alles richtig. Und doch möchte ich – zu allen
Einwendungen die hier bereits gemacht sind – noch
etwas anderes zu erwägen geben: Laßt uns miteinander einmal über die Vorteile der Geduld und die
Nachteile der Ungeduld nachdenken. Sie sind allgemein und sind nicht nur auf unser Thema beschränkt.*

*Worin unterscheiden sich Geduld und Ungeduld? Die
erste erschwert das Leben, die zweite erleichtert es,
allerdings nur zunächst. Denn auf die Dauer ist die
erste, die Geduld, in sich doch wertvoller als die zweite, die Ungeduld. Denn bei allen echten Werten läßt
sich das als eine Grundeigenschaft herausfinden: Sie
haben eine Anstrengung, ein Sich-Überwinden zur
Voraussetzung, die sich auf die Dauer aber als gut
und richtig erweist. Sich der Ungeduld zu verschreiben
heißt, sofortige Befriedigung in Anspruch nehmen.
Kleine Kinder brauchen diese Sofortbefriedigung und
erschreien sie sich, weil sie noch zu schwach sind. Gut
erziehen heißt deshalb, in kleinen, wohldosierten
Schritten Kinder aus dieser Schwäche herauszuführen,
die Kraft zur Geduld in ihnen zu entwickeln und das
Wartenkönnen allmählich mit ihnen einzuüben.*

Warum? Weil im Warten selbst ein sehr großer Wert verborgen liegt, der sonst verloren geht und dann den Menschen auf einer kindlichen, unmündigen Stufe steckenbleiben läßt. Im Warten steckt zwar ein Spannungszustand, der nicht nur lustvoll, sondern auch mit Unlust gemischt ist, aber: Es liegt auch eine freudige Spannung darin, wir nennen sie Vorfreude, ein Sich-Ausphantasieren, wie die Erfüllung des Wunschtraumes wohl sein würde. Die Spannung regt also die Phantasie an, macht aktiv, bringt in Bewegung, schafft Einfälle, treibt sehr allgemein an. Sofortbefriedigung hat hingegen einen großen Nachteil: Sie tötet diese sinnvolle, fruchtbare Spannung. Es entsteht die Gefahr der Erschlaffung, des Sich-zur-Ruhe-Setzens.

Weil das so ist, sind verwöhnte Kinder im allgemeinen durch Faulheit und Trägheit gekennzeichnet. Weil das so ist, brauchen z.B. junge Männer, die ab achtzehn mit ihren Mädchen eine Ehe ohne Trauschein beginnen, in der Mehrzahl der Fälle länger, um zum Abschluß ihrer Berufsausbildung zu kommen – wenn sie es überhaupt schaffen! Das Zusammenleben und Zusammenschlafen ist also ein verständlicher Wunschtraum; aber einer, der doch auch Teufelsklauen hat.

Auch in der Völkerkunde ist das bewiesen: Diejenigen Völker, die das Heiratsalter und die sexuelle Beziehung ihrer Jugend hinausschieben, die keine Sofortbefriedigung von der Geschlechtsreife an erlauben, haben hohe Kulturen gebildet, weil die Liebessehnsucht die Kraft und die Phantasie beflügelte. Auch das ist erwiesen: Satte, sittenlose Zeiten bewirken in den Völkern einen Niedergang, in ihrer Kunst, ihrer Kultur, in ihrem Lebensstil, in ihrem Niveau; hingegen haben die mönchischen Gelübde Armut, Keuschheit und Gehorsam vom Mittelalter an den Grund zur Entwicklung unserer europäischen Hochkultur gelegt.

Die Ungeduld im sexuellen Bereich fordert also einen hohen Preis: die wirkliche, die totale Hingabe findet nicht statt und damit auch nicht das grenzenlose Glück. Man muß wissen, daß man sich dabei – statt mehr zu bekommen, als man meint, wie es uns in unserer Zeit vorgetäuscht wird –, um etwas sehr Wesentliches bringt.

„Gut", habe ich zu Gabi gesagt, „nehmen wir mal an, es ist so, daß der große Gefühlssturm diese Bedenken übertönt. Eins aber ist gewiß: Du bist nun (wenn auch ohne Trauschein) Danis Frau. Du bist durch dein so tiefes Gefühl mit Haut und Haaren an ihn hingegeben. Du bist nun sein. Er ist auch dein, gewiß. Aber wie lange? Du bist an ihn gebunden, ganz fest, wie vernietet. Du willst immer bei ihm sein. Du denkst wie er, du lebst für ihn, du sorgst für ihn. Aber er ist ja noch ein Schüler, einer, der seine berufliche Ausbildung noch vor sich hat. Du bist immerzu für ihn da. Auch wenn er sexuell 'satt' ist, bist du es mit deiner

Zärtlichkeit noch lange nicht. Du wirst ihm damit lästig. Gewiß, er mag dich, er liebt dich; ihr schlaft noch immer miteinander; aber irgendwo entsteht allmählich eine Wand."

Daß bei dieser Form von Ungeduld jedenfalls viel neues Unglück entsteht, das zeigen die internationalen Statistiken mit den Zahlen über scheiternde Ehen ohne Trauschein in bedenklicher Weise. Gewiß, einige Male an Liebeskummer gelitten zu haben, gehört sicher zu einem normalen Reifungsprozeß im Jugendalter, aber eine Ehe zu scheiden – und die besteht eben eigentlich durch die sexuelle Beziehung – kann so furchtbar weh tun, daß das Herz sich nicht wieder erholt. Und das möchte ich niemandem wünschen!

Ich kann mir nun freilich vorstellen, daß Ihr bei aller Bereitschaft, mir nachdenklich zuzuhören, besonders die jungen Männer hier jetzt noch Einwände haben könnten, etwa so: Schön und gut, diese Warnungen, aber wie soll denn das nun praktisch gehen: Schließlich haben Sie uns unser sagenhaftes Überschußpotential an Geschlechtskraft so richtig zum Bewußtsein gebracht – wo denn nun hin damit? Und als zweites: Wenn die ganze Sache mit den Mädchen so viele Schwierigkeiten bringt, ist es dann nicht besser, noch lange einen weiten Bogen um sie zu machen? Aber ist das überhaupt zu schaffen? Ich merke doch: Die Mädchen wollen mich, und da soll man sich ihnen wieder entziehen?

Nun, die erste Frage basiert auf einer Fehlvorstellung, wie der Zeitgeist sie Euch eingibt: Wenn die Sexualität des jungen Mannes nicht gelebt wird, dann – um Himmels willen! – staut sie sich, dann wird der junge Mann aggressiv, dann wird er kriegerisch! Eine Devise derer, die zum Geschlechtsverkehr im Jugendalter auffordern, heißt deswegen sehr verführerisch: „Make love – not war" (Macht Liebe – nicht Krieg!). Dieses Motto suggeriert, daß Menschen, die sich viel sexuell betätigen, dadurch friedfertige und freundliche Lämmer werden würden. Aber das ist ein Ammenmärchen!

Die männliche Sexualität hat – wie fast alle unsere physischen Mechanismen – sehr viel mit Angebot und Nachfrage zu tun. Das heißt, bei geringer Nachfrage wird sparsamer produziert, und wenn wirklich einmal ein Übermaß vorhanden ist, so wird das per nächtlichem Überlaufprinzip reguliert. Dann kommt es im Schlaf zu unwillkürlichen Samenergüssen. Da kann man also ganz ohne Sorge sein. Man kann das umso mehr, je mehr sich die Geschlechtskraft verwandeln läßt. Die Fachwelt spricht von „Kompensieren" und „Sublimieren". Das heißt: Wie der Wildbach auf ein Mühlrad geleitet und zum Kornmahlen verwendet werden kann, wie sich Energie in elektrischen Strom verwandeln läßt, genau so läßt sich die Geschlechtskraft z.B. in sportliche Energie oder in geistig-kreative Energie umsetzen. Wir sprachen bereits früher darüber

– aus solchen Sublimierungsprozessen ist ein Großteil unserer historischen Kultur entstanden.

Als zweites: die Mädchen. Oh nein, man sollte sie gewiß nicht einfach ignorieren! Zwar läßt sich an Schwestern auch einiges über das Wesen von Mädchen lernen, und in der Schule sitzt man schließlich jeden Tag mit jeder Menge Klassenkameradinnen zusammen; aber so richtig an sie heran kommt man doch erst im Gespräch. Das Sich-einander-Annähern, ohne sich fest zu binden, hat deshalb einen ganz besonderen Reiz, der nur dieser Phase eigen ist. Ich möchte Euch raten, ihn so lange wie möglich zu genießen: der Flirt trägt noch den Akzent des Spiels. Er darf leicht, luftig, lockend und reserviert zugleich sein. Der Flirt ist die dem Jugendalter eigentlich gemäße Form des Einander-Annäherns. Es läßt sich dabei auch eine Menge über den Charakter eines anderen erfahren, und das ist noch wichtiger als zu wissen, ob man sexuell zusammenpaßt. (Das ist in den meisten Fällen viel mehr vom Seelischen als vom rein Körperlichen abhängig.)

Das vor allem möchte ich besonders den Jungen ans Herz legen. Macht Euch klar, wieviel heuchlerische List in den modischen Sextrends enthalten ist – nämlich die zur Ausbeutung der Frau (und sie macht die Tour ja willig mit). Dennoch zahlt sich das nicht im mindesten aus. Mißbrauch der Natur (und darum handelt es sich auch hier) schlägt grundsätzlich auf die Übeltäter selbst zurück. Frauen, die durch solche Entwürdigung für die wahre Liebe verdorben werden, sind später einfach nicht mehr in der Lage, liebende, sorgende, treue Ehefrauen zu sein und mit viel Einsatz an Liebe die Kinder großzuziehen. Sie tun das dann einfach nicht mehr! Unser Geburtenschwund, der Schwund an Eheschließungen, die Zunahme der Scheidungen und der Abtreibungen machen das alles ganz deutlich, machen auch deutlich, wie die Zukunft aussehen wird: Eine kinderarme Gesellschaft wird auch eine materiell verarmende Gesellschaft.

Fortschritt ist darin nicht enthalten, das werdet Ihr hoffentlich spüren. Der Mann darf die Frau nicht zum Objekt seiner Triebbefriedigung machen. Wenn er das heute im Zeitalter der Emanzipation versucht, wird er die Frau los. Er muß in ihr vielmehr seine ihm lebenswichtige Gefährtin sehen, einen Seelenanteil, an dem er lernen kann, seine eigene Seele zu verfeinern. Die Frau will als sein Mitmensch gesehen werden, der ihm von Gott als Gefährtin zugedacht ist, damit er nicht allein sei; damit er durch die Aufgaben im Dienst an der Schöpfung nicht überfordert wird.

Eine Frau lieben heißt für den Mann, ihr keinen Schaden, kein Leid zuzufügen. Mit Männern fair umzugehen heißt für Mädchen, sie nicht durch ihre Kleidung zu reizen. Dies vor allem möchte ich Euch ans Herz legen: Man kann aus dem großen, heiligen Grundgesetz der Schöpfungsordnung eben nicht einfach so herausspringen oder willkürlich mit ihm herumjonglieren. Aber das hat zur Voraussetzung, daß der Mann den Entschluß faßt, die Frau um ihrer selbst willen zu lieben. Dann könnte er sogar dazu bereit werden, eventuell einmal die Befriedigung seines Triebes dieser Form von Liebe zu opfern.

Ich möchte Euch jungen Männern deswegen noch ein Geheimrezept verraten: Je mehr Ihr Euch müht, die Seele der Frau zu erspüren, umso weniger entwickelt sie das Bedürfnis, die Herrschaft an sich zu reißen. Die geachtete Gefährtin, die den Mann als einen rücksichtsvollen Menschen an ihrer Seite erlebt, ist dadurch sehr glücklich zu machen, so sehr, daß viele moderne, oft künstlich hochgespielte Probleme gar nicht in Erscheinung treten.

Ihr jungen Leute habt in diesem Bereich viel zu tun; denn breite Felder sind durch die Übertreibung der Sexualität verwüstet worden. Sie schadet, wenn man sie vergötzt. Es geht für Euch um nichts weniger als um die Wiedergewinnung der Liebe. Christliche Jugend hat gewiß das Zeug dazu, hier mit einer Sanierung und Kultivierung neu zu beginnen. Sich im achtungsvollen Lieben für den, den man gern hat, einzuüben, das wünsche ich Euch für Euer künftiges Leben!

Das Problem Selbstbefriedigung

Hallo, Frau Meves,

ich bin der Martin, links außen, erste Reihe auf der Jugendveranstaltung in Holstein, zu der wir Sie eingeladen hatten. Klar, Sie werden sich erinnern. Ich hab' Sie mit Fragen ziemlich gelöchert, und ich hatte noch viele mehr, wenn unser Pastor mich nicht abgeblockt und gemeint hätte, schließlich hätten die anderen auch was zu sagen. Deshalb laufe ich Ihnen nun aber noch mal hinterher; denn ich hab' da noch eine Frage, die für mich enorm wichtig ist. Vielleicht hätte ich schließlich auch gar nicht den Mut gehabt, sie vor der ganzen Meute zu stellen, obgleich Sie das Problem ja bereits gestreift hatten. Ist immerhin eine ziemlich intime Angelegenheit, die mir peinlich ist.

Also: Wenn ich das richtig verstanden habe, hatten Sie was gegen Selbstbefriedigung. Ich habe nur nicht richtig mitgekriegt was, so erschrocken war ich. So was habe ich über dieses Thema noch nie gehört. Man hat uns im Sexualkundeunterricht in der Schule gesagt, daß SB okay ist, daß alle Jungs, jedenfalls fast alle, es eben tun, und daß nichts dabei ist. Früher soll es Leute gegeben haben, die, bloß um den Kindern Angst zu machen, sagten, davon bekäme man Hirnerweichung oder das Rückenmark würde auslaufen. Aber das sind glücklicherweise prüde Ammenmärchen gewesen. Es gibt keine Schäden.

Ja, also, stimmt das denn etwa nicht? Ich bin jetzt 15. Habe nach meinem Geburtstag gemeint, SB ist doch nun wohl auch dran, fand's auch recht geil. Aber bitte jetzt sagen Sie mir, was Sache ist. Sie schienen mir trotz Ihres Alters eigentlich so ganz locker – sind Sie in diesem Punkt vielleicht doch veraltet? Bitte antworten Sie mir.

Martin

klasse – Du bist tapfer! Mir hat das schon in der Diskussion auf der Tagung gefallen, wie wach Du alles ganz genau wissen wolltest. Nur so wird man schließlich echt erwachsen – jedenfalls bestimmt nicht dadurch, daß man ohne nachzudenken einfach alles so macht, wie es uns die BRAVO und das Fernsehen vorschreiben. Und selbst wenn es schließlich alle Deine Leute aus der Clique so machen, ist das damit noch nicht die geringste Garantie dafür, daß das dann auch das Gute, das Richtige für den einzelnen ist!

Bei der SB hast Du offenbar angenommen, daß das so sei, und ein Gegenbeweis ist – auch nachdem Du es probiert hast – nicht sichtbar geworden. Man könnte sagen: Gut, schön, einmal ist hier anscheinend keinmal. Aber schon während ich Dir das, meine Warnung abschwächend, zurufen möchte, zweifle ich, ob ich Euch Jungen damit helfe. Es war „geil", schreibst Du. Ja, und wie geht es Dir denn nun damit? Was schöne Gefühle macht, möchte man doch wiederholen, oder? Geht es einem mit anderen Sachen da nicht genauso: Wenn man z.B. eine besonders wohlschmeckende Nascherei entdeckt hat, oder wenn man zum ersten Mal eine Zigarette, womöglich eine Haschzigarette raucht. Alle diese Sachen bewirken eben einen besonders angenehmen Kick, und das heißt: Von ihnen geht eine sogenannte lustvolle emotionale Erinnerung aus, die sagt: Mach's nochmal! War doch echt lecker!

Ich nehme sogar an, daß – bis Du diesen Brief bekommst – sich das bei Dir auch bereits abgespielt hat. Richtig, Gehirnschwund macht das nicht, da haben die Alten übertrieben; es ist auch nicht so, daß nun alle Samenflüssigkeit verbraucht wird und man deshalb später nicht mehr fruchtbar sein würde. Aber eine andere Wahrheit bringt man Euch in den Aufklärungsbroschüren nicht bei: daß nämlich die immer neue, immer häufigere Anregung zu einer stärkeren Produktion und damit auch schließlich gerade zu einem Antriebsdruck führt. Immer häufiger wandern die Gedanken jetzt in diese Region, immer häufiger versucht man sich dazu nun auch irgend etwas Sexuelles dazu auszuphantasieren, und plötzlich merkt man, daß dieses „Denkeln" vieles andere einfach verdrängt. Die Interessen verengen sich. Das Interesse am Sexuellen bekommt Vorrang. Man besorgt sich entsprechende Photos, man versucht vielleicht sogar, an Pornovideos heranzukommen.

Und wenn man erst einmal eingekeilt ist und nachdenkt, läßt sich feststellen daß man geradezu in eine Sexfalle geraten ist. Man ist sexualsüchtig geworden, und mit der Selbstbefriedigung hat alles angefangen. Viele Jungs merken dann plötzlich, daß sie so nicht weitermachen wollen. Oft bekommt es ihnen auch gar nicht besonders gut. Das viele Beschäftigen mit dem eigenen Körper und das viele Ausphantasieren macht sie müde. Sie passen im Schulunterricht nicht mehr richtig auf. Es geht mit den Zensuren abwärts, und sie sagen sich: Nun laß das mal 'ne Weile! – Aber nun merken viele, daß sie das nicht zustandebringen. Sie nehmen es sich zwar vor, aber ihr Wille reicht nicht aus, um die Sache wieder in den Griff zu bekommen. Das macht zusätzlich Ärger. „Dummes Schwein", denkt man, wenn man in den Spiegel guckt, und guckt dann auch bald am besten gar nicht mehr rein, weil man die Achtung vor sich selbst verloren hat. „Was bist du blöd", denkt man sich, „was bist du für ein Schwächling! Nicht mal das schaffst du!"

So viele Menschen haben mir in meiner Praxis voll Reue und mit der Bitte um Hilfe diesen Gang der Ereignisse geschildert. Und da soll ich für die Selbstbefriedigung plädieren? Du wirst verstehen, daß man das nicht kann, wenn man sich wünscht, daß die Jugendlichen glücklich sind. Denn nicht einmal ein Psychotherapeut hat jetzt ein Klick-Klack-Rezept, um Gewöhnung an die Selbstbefriedigung gleich wieder aus dem Pelz zu kriegen. Das also habe ich auf der Tagung gemeint.

Deshalb ist es einfach besser, der Selbstbefriedigung nicht den kleinen Finger zu geben – sie nimmt dann oft ziemlich rasch mehr als die ganze Hand. Ihr müßt einfach wissen, daß hinter dieser Falle ein allgemeines Naturgesetz steckt. Die Grundlage unseres Lebens sind nämlich die drei großen Naturtriebe: der Nahrungstrieb, der dafür sorgt, daß wir uns in Bewegung setzen, wenn wir Hunger bekommen, damit unser Körper die zu seiner Erhaltung nötige Nahrung bekommt; der Selbsterhaltungs- und Besitztrieb, der dafür sorgt, daß wir uns Raum schaffen und Vorsorge betreiben, und der Geschlechtstrieb, mit dessen Hilfe sich die Menschheit fortpflanzt. Diese Triebe sind uns nützlich, solange wir sie in diesem Zusammenhang belassen; aber sie fangen an, uns zu beherrschen, wenn wir sie daraus herauslösen und zu einer Sache an sich machen. Man kann dann freßsüchtig (Nahrungstrieb), machtsüchtig-aggressiv (Selbsterhaltungstrieb) oder sexualsüchtig werden. Und das führt wie gesagt grundsätzlich in traurige Sackgassen, und zwar vor allem, weil man immer unzufriedener mit sich selbst wird, weil man merkt, daß man zwar gerade besonders selbständig hat handeln wollen, aber dabei keineswegs superfrei wird, sondern vielmehr gerade in eine Art Gefangenschaft, in eine seelische Abhängigkeit gerät, die sich nur sehr schwer wieder rückgängig machen läßt.

Mit unseren großen guten Lebenstrieben müssen wir also viel sorgsamer umgehen, als Euch das im Trend des Zeitgeistes vermittelt wird. Sie müssen durch unsere Vernunft gesteuert werden. „Iß nicht mehr, als du Hunger hast", müssen wir uns sagen, sonst geraten wir paradoxerweise in die Unersättlichkeit! Und beim

Geschlechtstrieb ist das genauso. Auch hier wird durch eine fortgesetzte Aktivierung der Körper auf Unersättlichkeit programmiert. Die Falle schnappt gewissermaßen automatisch zu. Dazu bedarf es nicht einer besonderen Willensschwäche. Deshalb ist es wirklich am besten, keine schlafenden Hunde zu wecken, und sich die ganze Angelegenheit aufzusparen, bis man die Frau gefunden hat, an die man sich wirklich mit Haut und Haaren verschenken und von der man auch gern ein Kind haben möchte. Dann besonders kann die Sexualität eine ganz wunderschöne, menschenwürdige Sache sein. Durch die Gewöhnung an die Selbstbefriedigung wird die Weiche in diesem Bereich eigentlich auf ein Abstellgleis umgelenkt: Sexualität im echten Sinn ist auf den anderen gerichtet und nicht auf sich selbst. Wenn man vom Jugendalter ab wie ein Kind weiter sein Ich füttert, und das heißt: mit seinen Gedanken und seinem Tun vor allem um sich selbst kreist, so wird man dadurch auf die Dauer mit sich unzufrieden. Das kann in eine Sackgasse führen.

Du siehst: Wir haben heute neue Ammenmärchen im Hinblick auf die Sexualität – nur andere, nämlich die, daß man Selbstbefriedigung brauche, weil der Körper das von der Geschlechtsreife an verlange und man dadurch glücklich würde. Beides stimmt nicht. Weniger ist mehr! Gar nicht erst anfangen ist am allerklügsten! Andererseits ist es auch kein Grund zum Verzweifeln, wenn man bei den Versuchen, damit aufzuhören, nicht gleich oder nicht absolut Erfolg hat. Wenn wir bedenken, daß unser Kampf einer Supermacht gilt, der Natur in uns selbst, dann sind wir schon über jeden einzelnen Teilerfolg erfreut. Gelegentliche Niederlagen sind keine Katastrophe!

Schließlich kommt es im Jugendalter vor allem darauf an, die gute Lebenskraft sinnvoll zu gebrauchen. Jugendzeit ist Aufbauzeit! Ohne an die SB gefesselt zu sein, hat man die Gedanken frei für gute Einfälle, für konstruktive Ideen, vielleicht sogar für technische Erfindungen, für Aktivitäten, die den Geist schulen und den Spielraum erweitern. So nämlich gewinnt man den Weg zu echter Freiheit, so macht das Leben bald sehr viel mehr echt Spaß, weil man sich mit so vielen Dingen beschäftigt und sich darin geübt hat, die man zunehmend besser kann und die deshalb auch erfreuen. Das ist so beim Sport, welcher Art auch immer, das ist so bei der Musik oder bei Beschäftigung mit all der innovativen Technik.

Ganz bestimmt geht es bei diesen Vorschlägen nicht um Prüderie oder Leibfeindlichkeit, sondern um ein Gewußt-Wie. Das hat mich die Erfahrung mit Jugendlichen gelehrt. Versuch diese Richtung, Martin, auf ihr kommt man voran!

Herzliche Grüße!
Christa Meves

Internet – riesig und gefährlich?

Liebe Christa Meves,

neulich habe ich, als ich im Internet surfte, Ihre Homepage gefunden. Gratuliere – ist klasse gemacht! Ich kenne Ihren Namen, weil bei uns Meves-Bücher herumstehen und meine Mutter immer sagt, sie habe uns „nach Meves erzogen". Ich muß gestehen, es hat mich bis vor kurzem nicht sonderlich interessiert; es kam mir doch eher als Schnee von gestern vor. Da hat es mich richtig verblüfft, daß Sie da plötzlich auf meinem Bildschirm erschienen. Das ist ja nun wirklich fortschrittlich, kein bißchen altertümlich! Ich hab' mich richtig festgelesen, und nun weiß ich eigentlich schon eine ganze Menge über alles, was Sie so machen.

Dabei ist mir aber gleich die Idee gekommen, Ihnen eine E-Mail zu schicken und Ihnen eine mir wichtige Frage zu stellen, die mir bestimmt nur jemand beantworten kann, der mit PC vertraut ist. Aber dazu sollten Sie vielleicht noch etwas von mir wissen. Ich bin 16 Jahre alt, wohne ich Köln und gehe dort in die 10. Klasse eines Gymnasiums. Meine Eltern haben mir vor zwei Jahren einen Computer geschenkt, und es hat mir bald eine Menge Spaß gemacht, mich damit bekannt zu machen. Das war besonders deshalb sehr einfach, weil ich einen Bruder habe, der vier Jahre älter ist als ich und damals schon sehr gut damit umgehen konnte. Der hat mir geholfen, und deshalb brauchte ich bald nicht mehr so oft zu verzweifeln wie er am Anfang.

Aber nun habe ich eine Frage. Bei uns zu Hause liegen hie und da christliche Zeitungen herum. Und in diesen wird das Internet wegen seiner „Gefährlichkeit" (Pornoseiten etc.) geradezu verdammt. Dabei wird meiner Meinung nach die großartige Möglichkeit der Informationsbeschaffung fast immer außer acht gelassen. Wer im Internet etwas sucht, wird etwas finden, das ist völlig klar, und wenn er Pornos sucht, wird er sie auch finden. Doch das gleiche gilt wohl für alle Medien. Ein Zeitschriftenladen wäre dann genauso gefährlich.

Es würde mich interessieren, wie Sie das Internet sehen.

Viele Grüße, Ihre Janne

LIEBE JANNE,

Dank für Deine E-Mail. Es ist schon lustig, auf diese Weise einen Einstieg für neue Bekanntschaften zu haben – nicht irgendwelche wahllosen Verbindungen, sondern solche, die ein gemeinsames Interesse verbindet. Das sehe ich auch sehr positiv als eine Möglichkeit zur Kommunikationserweiterung. Es steht eine Sache im Mittelpunkt, die gemeinsam interessiert, und deswegen kann man so sicher noch besser als früher auf Personen treffen, die ähnliche Neigungen haben oder sogar gleichgesinnt sind. Ich möchte meinen Computer gewiß allein schon deshalb nicht mehr missen und stimme durchaus darin mit Dir überein, im PC nicht von vornherein ein Teufelswerkzeug zu sehen. Globale Verdammungsurteile dieser Art kommen mir manchmal vor wie die Angstschreie der Öffentlichkeit, als im vorigen Jahrhundert die Dampfeisenbahn ihre erste Probefahrt von Nürnberg nach Fürth unternahm. Technische Neuerungen sind solange man sich noch nicht mit ihnen angefreundet hat häufig zunächst ein wenig gruselig. Das Neue ist fremd und deshalb unheimlich.

Berechtigter sind dann allerdings die Bedenken, die an der Erfahrung mit der neuen Technik gemacht worden sind. Manchmal tauchen dann erst Gefahren auf, an die vorher noch keiner dachte. Bei den Autoabgasen ist das z.B. so oder auch bei dem Atommüll aus den Reaktoren. Deshalb ist es, nachdem wir nun beim Internet angelangt sind, sicher notwendig, zu beobach-

ten und Erfahrungen zu sammeln, ob auch hier
„Spätschäden" auftreten; denn daß das Internet zunächst einmal eine fabelhaft erweiterte Möglichkeit
zur Informationsbeschaffung ist, mit dieser Deiner
Meinung hast Du gewiß recht.

Aber nun hat da ein sehr aufmerksamer Surfer entdeckt, daß es einen internationalen Pornoring gibt,
das heißt, die Polizei hat herausgefunden, daß hier
die gute Chance, alles mögliche im Internet anzubie-
ten, zu verbreiten und zu verkaufen, mißbraucht worden ist, um weltweit verbrecherische Ware anzubie-
ten, auszutauschen und zu verkaufen. Du sagst zwar
mit Recht: Auch in entsprechenden Läden und Kiosks
kann man dergleichen an Land ziehen, und willst damit sagen: Das Böse gab es auch schon vor dem PC
und vor dem Internet. Das ist richtig. Aber – und dafür ist die Geschichte mit dem Pornoring ein gutes Beispiel – der Zusammenschluß der PCs (woraus das
weltweite Internet besteht) schafft eben eine enorm
erweiterte Möglichkeit gerade der Verbreitung des
Bösen. Ein Händler mit einem Laden z.B. muß immer
fürchten, daß man ihm die Lizenz entzieht, wenn er
Videos oder Magazine, in denen sexueller Mißbrauch
an Kindern dargestellt wird, verkauft; denn das ist
immerhin noch verboten.

Zwar kann man einen Internethändler bestrafen,
wenn er solche Dinge anbietet (und es ist schwierig

genug, erst mal herauszufinden, wer sich hinter den angegebenen E-Mail-Adressen wirklich verbirgt); aber deswegen kann man noch lange nicht alle diese Händler im Internet finden oder ihnen den Zugang zur Computervernetzung entziehen. Jedenfalls gibt es noch keine gesetzlichen Möglichkeiten, derartigen Mißbrauch auszuschalten. Das also ist das Problem, und zwar nicht nur auf diese Verbrecherart allein bezogen. So gibt es im Internet vermutlich auch verschlüsselten Kontakt zwischen Terroristen, die durch geschickte Botschaften nun auch noch Interessenten gewissermaßen „anheuern" können; dasselbe gilt für den Drogenbereich mit Dealer-Links oder auch sogar Rezepten zur Herstellung von eigenen Designerdrogen; es gilt für verbotene politische Gruppierungen, für „Hobbybastler", die genau mitteilen, wie man Bomben herstellen kann, und so fort.

Hier liegt die Schwierigkeit; denn sicher kannst Du Dir auch den einen oder anderen Typen aus Deiner Schule vorstellen, den seine Neugier, sein Spaß am Forschen einfach mal in solchen Gewässern surfen läßt, und der dadurch in etwas hineingerät, das vielleicht auf den ersten Blick harmlos erscheint, es aber ganz gewiß nicht ist. Solche Gefahren beziehen sich natürlich nicht nur auf Dinge, die gesetzlich verboten sind, sondern z.B. auch auf Weltanschauliches. Auch ich vertrete ja mit der Homepage über mein Wirken eine bestimmte geistige Einstellung, von der ich hoffe, daß sie den Menschen Gutes bringt. Sonst brauchte ich sie nicht zu veröffentlichen. Aber genauso kann man – wissentlich oder verführt – im Internet Botschaften ausgeben, hinter denen Übles steckt, ohne daß das gleich erkennbar wird. Es scheint nur interessant, es macht weiter neugierig, man surft und plötzlich sitzt man in irgendeiner Anregung zu wer weiß was für einer Zauberei oder vielleicht einem Satanskult, einer esoterischen Sekte oder sonst was. Zauberei ist aber gefährlich, weiß die Bibel, und wir sollten tunlichst darauf hören; denn, so heißt das Sprichwort: Wenn man dem Teufel den kleinen Finger gibt, nimmt er die ganze Hand.

In dieser neuen Möglichkeit durch PC und Internet steckt also auch eine große neue Verantwortungslast für Erwachsene; denn am meisten gefährdet, hier in etwas Negatives hineinzugeraten, wo man selbst bestimmt nicht hin wollte, sind die Kinder und Jugendlichen, und zwar erstens, weil Ihr die Computergeneration seid, weil Ihr jungen Leute Computer und Internet spielerisch zu benutzen gelernt habt, zweitens, weil Ihr noch herrlich neugierig nach Neuem seid, und drittens, weil es unter Euch gewiß auch noch viele gibt, die noch nicht so genau wissen, was das Richtige und was das Falsche ist. Schließlich ist das umso schwerer auf Anhieb zu erkennen, je listiger die ganze Sache gemanagt ist.

Das also ist das Problem, liebe Janne. Aber ich bin mir
sicher, wenn Du diese Gefahren im Auge behältst,
wirst Du keine Probleme bekommen.

Ich grüße Dich herzlich, meine neue E-Mail-Freundin!
Deine Christa Meves

Gegen den Strom

Liebe Christa Meves,

ich war einmal auf einer Veranstaltung einer evangelischen Jugendgemeinschaft, auf dem Sie einen Vortrag über Zivilcourage hielten. Sie haben eine Geschichte erzählt von einem Jungen, der es sich nicht gefallen ließ, daß im Religionsunterricht vom Lehrer und von der Klasse Jesus Christus als ein gescheiterter Sozialrevolutionär hingestellt wurde. Das hat mir sehr gefallen. Aber ich habe doch große Schwierigkeiten damit, so eine Einstellung in Wirklichkeit zu vertreten.

Ich bin vor einiger Zeit dieser Gemeinschaft beigetreten und habe mein Leben im vorigen Jahr Jesus übergeben. Das hatte eine Vorgeschichte: Mit 14 bin ich – wie damals fast an jedem Wochenende – mit unserer Clique in die Disco gefahren. Einer, der schon 18 war, bekam dazu von seinen Eltern immer deren Rover geliehen. Er war lange auch ziemlich zuverlässig. Aber dann muß man ihm doch wohl etwas in den Cocktail getan haben, das ihn volldröhnte, ohne daß er das gleich richtig ge-

merkt hat. Jedenfalls ist er von der Straße abge-
kommen, der Wagen hat sich überschlagen, drei
waren gleich tot, zwei starben im Krankenhaus.
Auch ich war schwer verletzt, kam aber durch.

Für mich haben die Leute aus der Gemeinschaft
wie verrückt gebetet und meine Eltern natürlich
auch. Die Ärzte sagten, es sei ein Wunder. Mich
hat das alles enorm erschüttert, und es hat mein
Leben total verändert. Hielt Gott so viel von mir,
daß ich weiterleben sollte? Tut er auch heute noch
Wunder wie damals in Israel? Ich bin nie wieder in
einer Disco gewesen. Ich habe angefangen, jeden
Abend vor dem Einschlafen und jeden Morgen vor
dem Aufstehen zu beten. Ich denke, daß Jesus
mich wirklich sieht, daß er mich liebt, daß er mich
beschützt. Das ist ganz merkwürdig: Ich denke
immer darüber nach, wie ich IHM etwas zuliebe
tun kann. Irgendwie von tief innen her möchte ich
dankbar sein – viel mehr und ganz anders als früher, wenn meine Eltern mir sagten, ich müsse
mich bei meinen Tanten und Paten für die Weih-
nachtsgeschenke bedanken. Das war Pflicht; aber
dies ist anders: so was wie Sehnsucht. Verstehen
Sie das?

Nun kommt aber der Hammer. Wir gingen auf Klassenfahrt nach Berlin (ich bin in der 10. Klasse einer Gesamtschule). Am Abend ließen die Lehrer uns volle Freiheit. Wir mußten nur um Mitternacht wieder im Heim sein. Sie müssen wissen, eigentlich komme ich mit den Kumpeln so ganz gut zurecht. Sie halten mich seit dem Unfall für ein bißchen spinnig, aber sie tolerieren mich im großen und ganzen. Aber ihre Pläne paßten mir nicht: Die einen wollten natürlich in eine Disco, die anderen in ein Nachtlokal mit Striptease. Nur zwei Mädchen wollten nicht mit. So habe ich mich denen angeschlossen. Wir haben es auch recht nett miteinander gehabt, haben ein bißchen in die Geschäfte geschaut, haben eine Weile in einer Kirche gesessen, in der gerade ein Orgelkonzert stattfand, verbrachten eine halbe Stunde in einer gemütlichen Teestube und sind rechtzeitig wieder im Quartier gewesen.

Ich war schon im Bett und fast am Einschlafen, als die Kumpel verspätet und ziemlich angetrunken in den Schlafraum geradezu einfielen und nun gewissermaßen über mich herfielen. Sie beschimpften mich als feige Memme, als Muttersöhnchen, als kindisch. Sie zogen mir die Decke weg und wollten mich mit Zahncreme einschmieren. Da habe ich Angst gekriegt und auch eine riesige Wut. Ich habe zurückgeboxt und geschrieen, sie sollten mich in Ruhe lassen. Glücklicherweise ist ein Lehrer gekommen und hat uns auseinander getrieben, sonst hätte das übel ausgehen können!

So richtig schlimm wurde es dann aber erst auf der Rückreise im Bus. Sie lachten einfach über mich und machten blöde Witze, daß ich wohl noch Mönch werden würde, weil bei mir was nicht stimmt. Als ich mich nicht verteidigte, haben sie gemeint, der hat's eben mit seinem lieben Jesulein. Der hätte sich ja auch nicht helfen können, als sie ihn annagelten.

Alle haben gebrüllt vor Lachen, vor allem die meisten Mädchen, und die Lehrer amüsierten sich darüber. Ich habe so richtig erlebt, wie es Jesus bei seiner Hinrichtung mit all dem Spott ergangen sein muß. Aber als ich daran gedacht habe, daß er eben geschwiegen hat, als man ihn verhöhnte, und daran, daß die Leute sich an seiner vermeintlichen Ohnmacht geweidet haben, also als ich das dachte, taten die Gemeinheiten auf einmal gar nicht mehr weh, es wurde in mir ganz still, und eins der Mädchen, mit denen ich unterwegs gewesen war, sagte dann auch ganz laut: „Laßt ihn doch endlich in Ruhe; wie seid ihr doch gemein!" Da haben sie angefangen zu feixen und ihr zu unterstellen, sie sei in mich verliebt. Ich war froh, als ich wieder zu Hause war.

Allmählich hat sich dann aber doch wieder ein ungutes Gefühl eingestellt: War ich nicht abgrundtief feige gewesen? Hätte ich Jesus nicht verteidigen müssen? Werde ich nun jeden Tag in meiner Klasse Spießruten laufen? Und wie soll ich mich dann verhalten? Was meinen Sie dazu? Ich würde mich freuen, wenn Sie mir antworten würden!

Klaus

LIEBER KLAUS,

Inzwischen bist Du doch bestimmt schon
wieder zur Schule gewesen. Mußtest Du „Spießruten
laufen"? Ich nehme an: nicht, denn solche Attacken
sind meistens ziemlich kurzlebig, und wenn man das
durch Gegenschläge nicht aufheizt, ist die ganze Angelegenheit doch meist rasch vergessen. Eigentlich
hast Du doch eine Erfahrung gemacht, die ganz im
Geist Jesu Christi ist: Er rät uns, die andere Backe hin-
zuhalten, wenn man auf die eine geschlagen wird.
Und wenn das in Deinem Fall die Meute zunächst
noch zum Mobbing im Bus angeregt hat, so hat sie
eigentlich doch gerade Dein Schweigen besiegt. Wenn
Du in Zukunft darauf verzichtest, Dich an ihnen zu
rächen, werden sie das Interesse daran verlieren, Dich
auszubuhen.

Etwas zweites finde ich gut an Deiner Erfahrung: daß
dieses Mädchen Dich verteidigt hat. Vielleicht eignet
die sich auch zur Freundin für Dich? Denn was ein
Mensch wert ist oder nicht, das kann man daran erkennen, ob er in solchen Situationen den Mund auf-
macht und den anderen verteidigt. Sie hat ja gemerkt, wie unanständig sich die anderen benahmen –
schon das ist viel wert! – und erst recht, wenn man
sich für einen, der an die Wand gedrückt werden soll,
einsetzt. Aber auch schon am Abend vorher haben
dieses Mädchen und seine Freundin gezeigt, daß sie
nicht bereit sind, einfach so mitzulaufen zu irgend-
einem Vergnügen, das für sie gar keins ist. Das ist ein-

fach ein Zeichen für ihre geistige Eigenständigkeit und für ihren Mut. „Nur tote Fische schwimmen mit dem Strom", sagt ein altes Sprichwort zurecht.

Deshalb finde ich noch ein drittes wichtig: Diese Erlebnisse sind doch wie ein Sieb gewesen: Viele sind wie Spreu durchgefallen, aber zwei haben sich als echter „Weizen" erwiesen. Auf diese Weise genau lernt man die Menschen kennen, die zu einem passen, mit denen es sich lohnt, sich zu befreunden, weil sie ähnlich eingestellt sind, wie man selbst. Sich mit denen zusammenzuschließen ist nicht nur gut, sondern auch zweckmäßig. Wenn man zu zweit oder zu dritt ist, wird man lange nicht so leicht fertiggemacht. Die Masse an sich ist feige. Deshalb sucht sie sich den einzelnen Unterlegenen aus. Vor der in sich selbst gefestigten Kleingruppe weicht sie aus. Probier das doch mal aus – es bewährt sich!

Du mußt auch bedenken, daß viele Deiner Klassenkameraden mit ihrer Berliner Nacht keineswegs in der Tiefe ihrer Seele zufrieden gewesen sind. Manche haben gewiß von dem zu vielen Alkohol und den zuviel gerauchten Zigaretten am nächsten Tag Kopfschmerzen gehabt. Die sagen ihnen doch mitten in ihr Gewissen hinein (das schließlich jeder von uns hat!), daß es falsch war, so herumzuschlampen. Daß es ihnen im Grunde gar nicht bekommt. Sie merken auch, daß Ihr es im Grunde besser gemacht habt – das reizt sie. Sie merken, daß sie an diesem Abend schlechter waren als Ihr. Deshalb versuchen sie, Dir eine Lektion zu erteilen, damit Du künftig genausowenig Erfreuliches in Deiner Freizeit tust wie sie. Aber Du hast schließlich durch den Unfall schon längst einen viel größeren Denkzettel vom Schicksal bekommen. Er hat Dich gefestigt und von der falschen Bahn, auf die Du schließlich auch schon eingeschossen warst, wieder heruntergeholt. Werde also bitte nicht irre an Deiner Ausrichtung!

Aber Du fragst noch mehr: Dich quält, daß Du es zugelassen hast, daß Deine Mitschüler die Passion Jesu verunglimpften. Du denkst, Du hättest ihn verleugnet, obgleich er Dir seit dem Unfall soviel bedeutet. Du fürchtest, er könnte Dir zürnen, Du meinst, die Bewährungsprobe auf echtes Christsein nicht bestanden zu haben.

Ich glaube, daß Dir deshalb die Petrus-Geschichte helfen könnte. Denk' mal, Petrus verleugnete nach der Gefangennahme Jesu gleich dreimal seinen Herrn. Er erklärte voller Angst, zu diesem Aufrührer nicht zu gehören. Aber Jesus wußte, daß mehr noch nicht von ihm zu erwarten war – er hatte ihm seine Verleugnung schließlich direkt vorausgesagt. Aber trotzdem hat er diesem Petrus die Aufgabe gegeben, die Kirche zu gründen. Er hat gewußt: „Dieser Petrus bleibt mir trotz seiner Schwäche treu. Er wird stark werden für den Glauben. Deshalb kann ich auf ihn setzen."

Sieh, Klaus, so ähnlich ist das bei Dir. Christus ist doch kein Kleinkrämer! Sag ihm: „Herr, so gern möchte ich für dich stark sein; bitte hilf mir, daß ich es kann!" Im Grunde hat er Dir doch auch schon beigestanden. Schließlich wurdest Du angegriffen, weil Du es mit Christus hältst – jedenfalls haben Deine Mitschüler das in den Vordergrund geschoben. Und hast Du mir nicht selbst in Deinem Brief erzählt, daß die Angst plötzlich wie weggeblasen war, so daß Du gar nicht mehr auf die Idee kamst, dagegen zu schimpfen? Nicht nur bei Deiner Heilung vom Unfall, auch in dieser Situation ist Jesus Dir offenbar direkt nahe gewesen. Als der eine Schächer am Kreuz anfing, mit ihm zu fühlen, hat Jesus dem Schächer trotz der Verbrechen, die er begangen hatte, das Paradies versprochen – gleich, „heute noch"!

Lieber Klaus, Du hast unseren wundermächtigen Gott erfahren – laß Dich daran nicht irremachen! Die Stunde, in der Du die Gelegenheit bekommst, dafür in viele Ohren hinein Zeugnis abzulegen, wird Dir bestimmt einst schlagen. Bis dahin würde ich erst mal versuchen, gemeinsam mit dem Mädchen auf sympathische und liebevolle Art für Christus und den christlichen Glauben in Deiner Klasse zu „werben". Wer sich von Euch anstecken läßt, der wird Euch das im Rückblick auf seine Jugendzeit bestimmt einst danken! Denn viele möchten sich gern so verhalten wie Ihr – sie wagen es nur nicht!

Liebe Grüße,
Deine Christa Meves

Aber Hardrock ist doch geil!

Liebe Christa Meves!

erinnern Sie sich? Ich habe Ihnen vor einem halben Jahr schon einmal geschrieben. Damals hatte ich in einem Ihrer Bücher eine recht kurze, negative Bemerkung über den Hardrock gelesen. Das war mir gänzlich unverständlich. Ich liebe Hardrock! Wenn ich aus der Schule komme, drehe ich meinen Player immer erst einmal voll auf und tanze mir den ganzen Frust aus dem Leib. Der Rhythmus macht frei! Er bringt mich in Schwung, ich kann mit dieser Musik sogar besser Schulaufgaben machen.

Sie haben mir geantwortet, aber nur sehr kurz. Sie schrieben, ich möge mich doch mal in die Texte der Songs und in die auf den Plattenhüllen vertiefen. So richtig begriff ich nicht, was Sie meinten, habe Ihre Anregung aber behalten und mir dies und das angeschaut. Auf einmal dämmerte mir, was Sie mir hatten sagen wollen: Vielleicht steckt in manchen von diesen Sachen etwas, das nicht gut ist, ja etwas, das mich manipulieren will? Mir war auf einmal klar, daß man mich da vermutlich zu vielerlei beeinflussen könnte, weil ich diese Musik wirklich super finde.

Gestern, beim Stöbern im Virgin Megastore, habe ich nun einen Begleittext von dem Leader der Gruppe Deicide in die Finger gekriegt. Ich hab' ihn mir abgeschrieben. Hier ist er:

„Ich lebe nach den Regeln des Satanismus, praktiziere meine Religion zu Hause oder anderswo, wenn ich reise. Es geht da um eine im wesentlichen spirituelle Religion: Es müssen Opfer gebracht werden, Todesrituale müssen stattfinden. Wie in anderen Religionen auch sind Vorschriften einzuhalten. Ich habe eine richtige spirituelle Beziehung zu Satan. Ich ehre ihn, und als Gegenleistung erweist er mir Dienste... Unruhe in der christlichen Gemeinschaft zu säen, ist seine Rache. Der wahre Satanist macht es sich zum Anliegen, bestimmte Christen vom rechten Weg abzubringen."

Das verschlug mir in der Tat die Spache! Zwar hab' ich mit Jesus im Moment nicht soviel am Hut, aber schließlich bin ich doch getauft und gefirmt. Was bildet der sich ein? Ich habe den Text meinem Freund gezeigt. Aber dem war das gar nichts Neues. Er hatte einen anderen, den fand ich nicht weniger schlimm. Er ging so:

„Und du, armer Narr, der du diese LP in Händen hältst, wisse denn, daß du mit ihr deine Seele verkauft hast, denn sie wird schnell in diesem höllischen Rhythmus, in der teuflischen Kraft dieser Musik gefangen sein." (Black Sabbath)

Aber Tobi sagte, ich solle mich doch abregen, das wären alles nur Werbegags. Aber mich beschäftigt das immer noch, und deshalb also mein zweiter Brief: Können Sie mir nicht einmal ausführlich schreiben, wie Sie die Sache sehen? Und bitte genau in welcher Weise Sie meinen, daß es hier Gefahren für die Jugend gibt? Ich warte ungeduldig auf Ihre Antwort.

Annette

LIEBE ANNETTE,

Du bist ein nachdenkliches Mädchen, und so will ich Dir gern Deinen Wunsch erfüllen und Dir einiges zu diesem Thema schreiben. Sicher läßt sich nicht pauschal sagen, daß Hardrock in sich böse ist. Manches in der modernen Musik ist wirklich super, manches ist Kunst, die anzuhören sich lohnt. Wenn Du Dich nach der Schule freitanzt, so ist das gewiß sinnvoll; aber wenn man etwas von Psychologie versteht, läßt sich nicht übersehen, daß auf diesem Sektor nicht alles Gold ist, was glänzt. Dafür habe ich mit meinem Brief hellhörig machen wollen, und Du hast dann ja auch diese Dich erschütternde Entdeckung gemacht. Viele Jugendliche aber können Gutes und Schlechtes in der Musik nicht unterscheiden und fangen an, mit einem gefährlichen Feuer zu spielen, ohne zu wissen, was sie tun. Deshalb habe ich Dir Deinen ersten Brief auch nur kurz beantwortet: Hardrock-begeisterte Jugendliche lassen sich mit rationalen Argumenten meist nicht zu einem notwendigen, gesunden Mißtrauen beeinflussen.

Du beschreibst das sehr eindrucksvoll: Für Dich ist diese Musik eine phantastische Möglichkeit zur Entspannung von Schulstreß, aber auch von all den Alltagseinengungen, die man häufig als quälend lästig empfindet, besonders nachdem man in die Pubertät eingetreten ist. Schließlich will die Seele nun nicht länger gefesselt sein – sie braucht Aufschwünge, Befreiung, sie braucht etwas, das die engen Grenzen sprengt. Und das vermittelt der Hardrock.

Deshalb ist er eben auch die Musik des Jugendalters, später verliert sich das starke Interesse daran oft wieder. So weit, so verstehbar – aber dadurch nicht einfach unausgewählt gut! Denn dieses Gefühl von Befreitsein macht, wie Du richtig erkannt hast, anfälliger, schutzloser gegen Verführung hin zu Wegen, auf die man bei klarem Kopf ganz gewiß nicht will.

Sieh, diese Satansbekenntnisse sind schließlich nicht singulär. Mir sind auch einige bekannt, so z.B. die Gruppe ACDC mit ihrem Song: „Ich bring' dich in die Hölle, ich krieg' dich schon, Satan kriegt dich!" – Das ist in dieser so blöde ungeschminkten Direktheit ausgesprochen gewiß nichts Gutes, obgleich Tobi meint, man möge das doch nicht auf die Goldwaage legen; es könnte sich doch wohl um nichts anderes als um eine sensationelle „Masche" handeln, nach dem Motto: Wer allzu dick aufträgt, kann nicht erwarten, ernst genommen zu werden.

Aber genau diesen Eindruck zu erwecken, ist die feingesponnene Absicht: Die Bands tönen von Satan – das bewirkt mit Hilfe der rhythmischen Untermalung zwar ein bißchen Bauchflattern, aber das sei doch alles nur als Spaß gemeint. Und sollte dennoch jemand darüber nachdenken, was dieses viele Erwähnen des Teufels bedeutet, so weiß heute in unserer aufgeklärten Zeit schließlich jedermann, daß es den Teufel in Wirklichkeit gar nicht gibt.

Durch diese Überlegung ist man endgültig eingelullt. Ein kluger Mensch hat mal gesagt: „Das leichteste Spiel hat der Teufel bei den Leuten, die ihn für abgeschafft erklärt haben." – Und genau das ist in unserer Zeit geschehen, genau mit dieser Masche versucht man, Euch Jugendliche abzuholen; denn so krank und anmaßend das „Glaubensbekenntnis" von Ben Glenton auch sein mag, es ist durchaus ernst zu nehmen, wie viele Songs und ähnliche Aussagen seiner Rockgruppe „Deicide" auch.

Tobi und Du, Ihr seid zwar offensichtlich seelisch stabil, und Ihr dröhnt Euch wohl auch nicht unentwegt (womöglich zwischendurch noch über den Walkman) mit Hardrock voll; aber guck' Dich doch mal um, wie viele kaputte Typen es auf Eurem Schulhof schon gibt. Für die ist das, was hier angeboten wird, wie ein Sog, ganz abzuheben. Manche nehmen dann auch noch Kontakt zu irgendwelchen spiritistischen Gruppen auf, kleiden sich nur noch schwarz – und plötzlich machen sie Selbstmordversuche und werden schließlich von ihren aufgescheuchten Eltern zu mir in die Praxis geschleppt.

Solche Jugendlichen drücken das manchmal ganz unverblümt aus: „Der Tod fasziniert mich eben." – Und das bedeutet bei solchen Werdegängen: Sie sind auf dämonische Weise von der Freude am Leben wegmanipuliert worden, sie sind in der Tat in die Fänge von

Satan geraten, der sein Verführungsmeisterstück
durch die Selbsttötung des Jugendlichen vollendet.

Es gibt sie eben doch, die höllischen Mächte, Annette,
und daß heute so viele Zauberkulte, esoterische Zirkel
und spiritistische Gruppierungen aus dem Boden ge-
schossen sind, ist nur ein Merkmal dafür, daß die zer-
störerischen Geistesmächte den Menschen umso leichter in ihren Bann ziehen, je mehr der christliche Glaube verblaßt und der Teufel für tot erklärt worden ist.
Ein französischer Pater, Benoit Domergue, hat nach
vielen Jahren gründlicher Beobachtung dieser Entwicklung mit einer Doktorarbeit folgende Bilanz gezogen:
„Ein Teil unserer Kultur versinkt heute mit Sack und
Pack im Satanismus und in der Magie, vor den Augen
aller und in einem bisher unbekannten Ausmaß. Es ist
eine 'Kultur des Todes' im wahrsten Sinne des Wortes.
Man findet dort eine richtiggehende durch satanische
Riten und Praktiken der schwarzen Magie vermittelten
Faszination für den Tod. Es sind vor allem die jüng-
sten, die 12- bis 18jährigen, die davon betroffen sind.
Wir sind Zeugen einer „Popularisierung" des Satanismus, die durch die religiöse Unwissenheit, den Verlust
der Orientierung und eine verzweifelte Sehnsucht
nach dem Spirituellen begünstigt wird. Heute geht es
nicht mehr darum, bestimmte Ideen oder Vorstellungen von Tod und Jenseits anzunehmen oder sich diesen zu verschreiben, sondern darum, den Tod und das
Jenseits wirklich auszuprobieren durch eine magische

Erfahrung. Diese Erfahrung satanischer Inbesitznahme und Weihe verlassen heute die geschlossenen Zirkel der Magie und der Hexerei, auf die sie früher beschränkt waren. Dieser kulturelle Satanismus breitet sich über unterschiedliche künstlerische Ausdrucksformen aus, etwa verschiedene Musikrichtungen wie Hardrock, Heavy Metal, Dark wave, Gothic, Trance music, Rave-Abende, aber auch Videoclips, Rollen- und Kartenspiele, Trickfilme und manche Comics."

Liebe Annette, Du bist ein sehr ernsthaftes junges Mädchen, Du hast mich um genaue Auskunft gebeten. Hier also ist sie. Es dreht sich um nichts weniger als um den Versuch, die jungen Menschen vom Erahnen ihrer großen Aufgabe, mit ihrem Leben Gott zu dienen – und das heißt konkret: sich dem Leben und Lieben zu verschreiben – wegzubringen, d.h. möglichst viele Seelen zu verderben, damit sie für Gott verloren gehen. Es handelt sich wirklich, wie es in Glen Bentons Bekenntnis heißt, um den Versuch, gegen die Liebe dem Haß, gegen das ewige Leben der ewigen Verdammnis zum Sieg zu verhelfen. Das ist eine grauenvolle Einsicht, wenn man erst einmal dahintergekommen ist.

Aber sieh, Annette, den Einstieg dahin bildet die so stark rhythmische Musik. Und weil sie so anziehend ist für Jugendliche, ist sie besonders geeignet, der bösen Absicht als Vehikel zu dienen. Nicht umsonst ist sie so laut. Sehr bewußt wird diese Lautstärke von sieben Dezibel oberhalb der Toleranzgrenze des Nervensystems gewählt (was auf die Dauer auch das Gehör erheblich schädigt); denn dadurch entstehen unkontrollierbare Auswirkungen auf das Gehirn. Fachleute gehen sogar davon aus, daß das Gehirn auf dieses akustische Bombardement mit der Erzeugung einer Substanz reagiert, die wie Rauschgift wirkt. Und wenn nun gar durch Ecstasy, Hasch oder Alkohol weiter künstlich enthemmt wird, verlieren die Verführten alles kritische Bewußtsein.

Es geschieht eine schleichende Infiltration auch mit den Textinhalten, die sich durch ständige Wiederholung in das Gehirn so einprägen, daß die Seele davon geradezu gefangen wird. Und wenn mit Hilfe der Musik die Falle erst einmal zugeschnappt ist, gibt es wie gesagt von draußen keine Einwirkmöglichkeit mehr. Der Zauberberg ist schalldicht gegen die Rufe von draußen, z.B. von Eltern.

Für mich, die ich im Hitlerreich Kind war, ist dieser erneute Angriff des Teufels abermals auf eine ganze neue Jugendgeneration zutiefst erschreckend und ein direkter Beweis für die Existenz des Bösen, der mit grandiosem Geschick mit immer zeitgemäßen Methoden damals wie heute besonders die jungen, begeisterungsfähigen Seelen in den Untergang treiben will; denn selbst wenn sie nicht ans Rauschgift geraten,

*selbst wenn sie nicht den Freitod wählen, sind sie
doch oft einfach kaputt und infolgedessen für verant-
wortliche Lebensaufgaben nur noch schwer zu gewinnen.*

*Das willst Du ganz bestimmt nicht, Annette, Dein
Brief zeigt das eindeutig. Aber ich würde Dir doch raten, bewußt zu kämpfen. Versuch mal, nach schöner
klassischer Musik zu tanzen, wenn Du Entspannung
brauchst; meide Disco, Walkman und Kumpel, die
allein noch für Techno-Parties und Ähnliches Interesse
haben. Laß Dich nicht auf irgendwelche esoterischen
Dinge ein. Geister zu beschwören, ist für uns Menschen eine Nummer zu groß. Die Bibel verbietet jegliche Zauberei, weil wir dann nicht an die wirklich
himmlischen, sondern in dämonische Bereiche geraten. Das kann zu Verwirrungen führen, die man auch
mit psychotherapeutischen Mitteln nicht wieder rückgängig machen kann, so daß die Endstation statio-
näre Psychiatrie heißt. Dem allen gilt es, ins Auge zu
sehen.*

*Es ist sehr sinnvoll, sich darauf zu besinnen, vor allem,
sich fest daran zu halten, daß – wie Du es auch siehst
– wir durch Taufe und Firmung einen sehr notwendigen, brauchbaren Schutz besitzen. Denn daß es sich
bei den Auswüchsen um einen tiefernsten Kampf, um
Deine, um jede einzelne Seele handelt, läßt sich auch
daran erkennen, daß in den Vollzügen heilige Rituale*

nachgeäfft werden. Glen Benton verfaßt ein Gegen-Credo, er wählt Worte, die eigentlich liturgisch sind. Und die ganze satanische Szenerie bis zum Opfern von Tieren und anderen blutigen Szenen sind böse Nachahmungen der heiligen Messe.

Wir gehören aber zu Gott, zum Leben, und wir sind durch die Taufe in seinen Schutz gestellt. Suchen wir, diesen riesigen Vorteil in Anspruch zu nehmen, indem wir z.B. nicht zu dumm-stolz sind, wieder zur hl. Messe zu gehen, ja, Annette, dann bist Du auf einmal wach, dann kannst Du Dich für das Gute entscheiden. Dann kann Dir Böses dieser Art nicht mehr geschehen!

Mit besten Grüßen, Christa Meves

Jeden Sonntag Kirche – mir stinkt das!

Sehr geehrte Frau Schriftstellerin Meves!

Meine Mutter hatte mich kürzlich mit zu einem Vortrag von Ihnen geschleift. Zugegeben: Mir hat das gestunken. Ich hatte mir extra ein Comic eingesteckt, und ich hatte wirklich nicht die Absicht zuzuhören; aber dann erzählten Sie gleich am Anfang diese Geschichte von dem Jugendlichen, der sich von seiner Klasse seine (christliche) Butter nicht vom Brot nehmen ließ. So was Ähnliches hatte ich selbst schon mal erlebt, und so hab' ich dann wirklich zugehört und fand das meiste sogar echt gut.

Aber fertig bin ich deshalb doch noch lange nicht mit Ihnen. Zu fragen habe ich mich nicht getraut in dem Saal mit so vielen Leuten aus unserem Ort; aber ich hab' mir gedacht: Dann schreib' ich der eben mal. Wär' doch vielleicht möglich, daß sie antwortet. Tun Sie? Ich hab' nämlich einen Haufen Fragen, vor allem zum Thema Kirche.

Also, ich bin 15 Jahre und heiße Heino Z. Meine Mutter ist gut katholisch, mein Vater weniger.

Das heißt, sie geht jeden Sonntag zur Messe, er nur gelegentlich. Nach meiner Firmung habe ich angefangen, mich in dieser Hinsicht mehr nach meinem Vater zu richten, was meiner Mutter allerdings nicht paßt. Sie schimpft deswegen mit ihm und sagt, er würde mich dazu bringen, ungläubig zu werden. Damit übertreibt sie wahrscheinlich; aber an der Kirche habe ich wirklich eine Menge auszusetzen. Als erstes: Warum muß ich da überhaupt jeden Sonntag hinrennen? Ich bin doch kein schlechterer Christ, wenn ich mich daran nur hin und wieder beteilige.

Als zweites: Meistens langweile ich mich in der Messe. Immer der gleiche Turn! Kenne ich nun, seit ich denken kann; denn meine Mutter nahm mich immer mit – auch schon, als ich noch nicht mal laufen konnte. Dann die Predigt: Immer die gleichen Geschichten von Jesus. Ich kenne sie alle – viele habe ich trotzdem noch nie verstanden, z.B. warum der Arbeiter, der spät anfängt, den gleichen Lohn kriegt wie der, der den ganzen Tag gearbeitet hat.

Manchmal habe ich versucht zuzuhören, was der Pfarrer in der Predigt darüber sagt. Aber ich habe es trotzdem nicht verstanden. Deshalb höre ich seit langem schon gar nicht mehr hin. Bei den großen Festen schnalle ich überhaupt ab. Kann doch kein moderner Mensch noch glauben, daß Jesus von einer Jungfrau geboren wurde, und auferstanden von den Toten ist schließlich außer Jesus auch noch nie ein Mensch. Warum soll das ausgerechnet bei ihm wahr sein? Wahrscheinlich sind das doch bloß Märchen, die man uns da auftischt.

Sie haben in Ihrem Vortrag gesagt, wenn ich das richtig verstanden habe, daß man als Christ ein besseres Leben führen könne. Ja, stimmt denn das? Ich würde das gern genauer wissen. Ich kenne jedenfalls eine Menge Christen, die sind nicht besser als Ungläubige. In unserer Nachbarschaft sind da welche: Sie stecken ihre Nasen in alles rein! Kaum treffen sie meine Mutter, schon geht der Klatsch los: über irgendwelche Leute wird da getratscht, die irgendwas tun, was die Schnüffler nicht für richtig halten. „Wir als Christen können so etwas nicht akzeptieren", sagen sie und schütteln arrogant den Kopf. Ich denke dann: „Die sollten lieber über sich selbst den Kopf schütteln!"

Durch all solche Sachen ist mein Glaube eigentlich ziemlich brüchig geworden. Aber bei Ihrem Vortrag dachte ich: Wahrscheinlich ist das auch nicht gut. Vielleicht können Sie mir Nachhilfestunden geben?

Heino

LIEBER HEINO,

*das sind ja wirklich heiße Eisen, die Du an-
schneidest, und deshalb habe ich mich heute abend
gleich hingesetzt, um Dir zu antworten und fange der
Reihe nach an. Ich verstehe sehr gut, daß Du es mit
dem Gottesdienstbesuch lieber ein wenig lockerer halten möchtest. Du fändest es besser, wenn es nach
Deinem eigenen Willen gehen könnte und danach, ob
Du mehr oder weniger Lust drauf hast.*

*Als ich 15 war, ist mir das genauso gegangen. Ich
war damals übrigens evangelisch, und da kann und
darf das ohnehin jeder so machen, wie er es für richtig hält. Ich fand anderes meistens besser. Nachdem
ich zehn Jahre alt geworden war, wurden wir nämlich
in Uniformen gesteckt und hatten am Sonntagmorgen
meistens „Dienst". Dort war es viel amüsanter mit all
den vielen Gleichaltrigen, mit den Sportfesten, mit
schönen Singstunden und knackigen Aufmärschen...
Wir lernten dort allerdings auch, statt in der Kirche
Jesus Christus anzubeten nun Adolf Hitler zu verehren.
Der ließ uns „Heil Hitler" schreien, weil er uns angeblich sein Heil bringen wollte. Das war ein böses „Heil";
aber das erkannten die meisten erst, als es schon zu
spät war. Millionen unserer Jahrgänge mußten das
mit dem Leben, ja, in der Gefangenschaft mit einem
elend sich über Jahre hinziehenden Sterben bezahlen.*

*Warum ich Dir das erzähle? Wenn man am Sonntag
darauf verzichtet, zum Gottesdienst zu gehen, tut*

man stattdessen ja etwas anderes. Was stattdessen? Gleich fernsehen? Gleich ein Computerspiel? Einfach nur gammeln? Oder vielleicht auch in eine andere Versammlung gehen – vielleicht zur Love-Parade oder zu den Chaos-Tagen nach Hannover? Das wird vielleicht alles nicht auf Dich zutreffen; aber das mußt Du wissen, das ist in der Physik nicht anders als im geistigen Bereich: Dort, wo ein Leerraum entsteht, ein Vakuum, dort wird der Raum mit etwas anderem ausgefüllt – oft mit Sachen, die auf den ersten Blick amüsanter, moderner, kurzweiliger erscheinen. Heute verführt freilich kein Hitler die Jugend, aber meinst Du, daß es deshalb in dieser Zeit keine Verführer gibt, die anders, aber in den Zielen doch ähnlich, die Jugend abzuholen versuchen – auch zu etwas, das sie in Ungutes hineinführt? Häufig wissen die Jugendlichen dann auch heute bald nicht mehr, was richtig und falsch ist – ja, sie meinen wie wir damals, es müsse schon deshalb gut sein, weil so viele mitmachen.

Hier also lohnt sich Mißtrauen grundsätzlich: Gerade, was so toll zu sein scheint, was glänzt, glitzert und high macht, ist oft nicht echt, ja, nicht selten schwer gefährlich. Was zuerst eher langweilig aussieht, wozu man sich überwinden muß, das erweist sich oft schließlich als das Bessere, als das Richtigere. Deshalb rät uns Christus, es mit den engen Bergpfaden zu halten, statt mit den breiten schnellen Autobahnen!

Und hier sitzt deshalb auch das Argument für einen regelmäßigen Gottesdienstbesuch. Die evangelische Kirche hat das – nicht nur damals – erfahren müssen: schließlich kam kaum noch jemand am Sonntag in die Kirchen! Der Mensch überschätzt seine Willenskraft, wenn er meint, er solle das besser selbst entscheiden; dann siegt nämlich bald anderes: als erstes unsere Bequemlichkeit, mit der wir alle reichlich ausgestattet sind, und zweitens geraten wir dann meist an etwas weniger Wertvolles. Oder, wenn Vater und Du nicht zur Messe gehen, betet Ihr etwa dann stattdessen zu Hause? Ich fürchte nein. Ich nehme an, daß Ihr stattdessen viel eher zu einem Fußballspiel fahrt. Wo bleibt dann aber Gott? Habt Ihr statt dessen irgendwann am Sonntagmorgen an ihn gedacht?

Sieh, Heino, und das ist dann eben auch schon der „breite Pfad"! Gott hat uns ein Gebot gegeben, und das heißt: „Du sollst den Feiertag heiligen!" Heiligen aber will sagen: Du sollst aufhören mit der alltäglichen Schufterei und sollst Dich stattdessen Gott zuwenden. „Warum soll das nötig sein?" wirst Du fragen. Nun, weil wir Menschen eine weitere gefährliche Eigenschaft haben: Wir neigen zum Überschnappen. Kaum haben wir ein bißchen die Eierschalen unserer Kindheit abgestreift, schon bilden wir uns ein, wir hätten die Weisheit mit Löffeln gegessen, schon meinen wir, wir seien der Hahn auf dem Kirchturm, schon steigt es uns zu Kopf, wenn wir irgendwie ein bißchen Erfolg haben. Wir neigen dann dazu, uns selbst zu unserem Gott zu ernennen. Wir setzen uns selbst eine Krone aus Stolz und Hochmut auf. Wie dämlich! Und dabei sind wir in unserem riesigen Universum einerseits nichts anderes als Blätter im Wind, die so rasch wieder vergehen!

Ich will damit sagen: Wenn wir Gott vergessen, verlieren wir die klare Einschätzung unserer echten Lage. Wir fangen an, uns selbst und die Macht unseres Willens zu überschätzen. Und damit ist dann eine sehr gefährlich falsche Richtung eingeschlagen, die nicht dadurch richtiger wird, daß auf diesen „breiten Pfaden" sehr viele mit unterwegs sind. Man verliert dann auch die Möglichkeit, sich zu einer echt freien und selbständigen Person zu entwickeln. Man läuft so im gleichen Trott mit.

Aber weil das kein gutes, bzw. ein ziemlich schäbiges Ende zu nehmen pflegt, deshalb hat Gott uns z.B. die Zehn Gebote und speziell das dritte Gebot, die Heiligung des Sonntags, geschenkt – nicht, um uns zu gängeln, sondern um uns vor falschen Ausrichtungen zu beschützen!

Siehst Du, Heino, und das Gegenmittel gegen falsche Pfade ist, es auf sich zu nehmen, am Sonntagmorgen zur Kirche zu gehen. Tut man das, weil man weiß, was man tut: daß es klug ist, auf Gott zu setzen, daß es wichtig ist, das eigene Leben danach auszurichten, dann wird die ganze Angelegenheit auf einmal auch gar nicht mehr langweilig. Auf einmal kann man dann verstehen, daß wir in der Kirche zu einem Gott kommen, den wir tunlichst anbeten sollen, weil Er der Schöpfer und Gestalter des unermeßlichen Universums ist; aber der gleichzeitig Dein und mein Vater sein möchte. Dieser Vater und dieser Bruder Jesus Christus kennen uns, sie kennen Dich, Heino, sie lieben Dich, und sie hoffen, daß Du das begreifst und Dich als ihr Mitarbeiter bei ihnen meldest. Und das tust Du, wenn Du zur Kommunion gehst.

Noch viel besser ist, es, wenn Du dann auch noch bei den Schriftlesungen und ihrer Auslegung in der Predigt zuhörst. Manches ist natürlich nicht leicht zu verstehen. So will Christus bei dem Gleichnis von den frühen und den späten Arbeitern ja nicht etwa Ungerechtigkeit präsentieren, sondern nur sagen, daß selbst einer, der lange gebraucht hat, um die Wahrheit des Christentums zu erkennen, dennoch die gleichen Chancen bekommt. Von Gottes Barmherzigkeit ist hier also die Rede, nicht von einem (un)wirtschaftlichen Modell der Gehaltsauszahlung!

Manchmal muß man gewiß länger über solche Gleichnisse nachdenken; aber dann sollte man ruhig fragen! Dein Pfarrer freut sich bestimmt, wenn er merkt, daß da einer der Jugendlichen nicht schläfrig im Trott läuft, sondern ein wacher Christ sein will.

Ach ja, das verstehe ich gut, daß Dich die christlichen Klatschtanten nerven. Aber so ist das nun mal: Auch für den Christen lauert noch die Gefahr des Hochmuts! Deshalb hat Christus immer und immer wieder vor den Pharisäern gewarnt. Ein hochmütiger Christ ist jedenfalls noch sehr viel widersinniger als ein hochmütiger Heide! Deshalb ist das Knien in der Messe so gut, deshalb ist das Schuldbekenntnis wichtig und der wunderbare Satz in der Meßliturgie: „Herr, ich bin nicht würdig, daß du eingehst unter mein Dach..."
Denn wenn wir das bewußt sagen, bekommen wir ein Gefühl für unsere Schwäche, für unsere Fehler. Und das ist schließlich die Voraussetzung, um sie zu bekämpfen. Das aber lohnt sich sehr; denn als erwachsener Mensch muß man sich selbst weiter erziehen, damit man mit dem Leben zurechtkommt. Wenn man sich dabei nach Christus ausrichtet, hat man alle Chancen, daß daraus etwas Gutes wird; denn wenn man auf Gott setzt und nicht zu blöd ist, ihn um Hilfe zu bitten, gewährt er sie meistens auf sogar wunderbare Weise, und es kommt allemal etwas Gutes dabei heraus.

Das hört sich nach Bla-Bla an, meinst Du vielleicht, und deshalb muß ich Dir das noch genauer erklären: Die Sache ist nämlich eigentlich noch viel geheimnisvoller, als man sich das theoretisch vorstellen kann. Erst mal klappt es mit dem Leben meist besser, wenn man sich z.B. an die Zehn Gebote hält; aber oft ge-

schieht dann weit mehr, als nur Lohn für ein anstän-
diges Leben. Man hat sich z.B. überwunden, die alte
Frau von nebenan zweimal die Woche in ihrem Roll-
stuhl auszufahren. Man hat (und das ist schwer!) den
Eltern zuliebe Sylvester mit der Familie zuhause ge-
feiert. Man tut, soviel man kann, das Schwerere, weil
das für einen Christen das Bessere ist. Plötzlich dann
passiert etwas traumhaft Schönes: Man gewinnt eine
Reise, man kriegt eine klasse Lehrstelle angeboten,
man findet einen richtigen Freund, nach dem man
sich schon immer gesehnt hat. – Das ist nicht immer
die direkte Folge des christlichen Lebens, das man zu
führen versucht hat. Es ist „wunderbar" im wahrsten
Sinne dieses Wortes. Solche „Himmelsgeschenke" gibt
es anscheinend öfter, wenn man mit dem Christsein
ernst macht. Es ist so, als freue sich Gott über den
sich für Ihn mühenden Mitarbeiter. Ich glaube nicht,
daß es sich dabei einfach nur um „dumme Zufälle"
handelt. (Zufälle sind für uns Christen ohnehin immer
das, was Gott uns gerade zu-fallen läßt!)

Deshalb brauchst Du auch nicht zu meinen, daß Du
zurückgeblieben bist, wenn Du weiter an die Wunder
im Leben von Jesus Christus glaubst. Er war eben
nicht nur ein Mensch. Er war von vornherein immer
auch Gott – Gott, der die Menschen so liebte, daß er
einmal 30 Jahre lang alles mitmachte, was Menschen
durchmachen – ja, was sie im übelsten Fall durchzu-
machen haben, z.B. unschuldig zum Tode verurteilt

zu werden. Weil Christus Gott ist, deshalb unterlag er aber nicht den Naturgesetzen. Er konnte sie von Anfang an überschreiten – klar; denn Gott ist der Herrscher über das Weltall und ist allmächtig. Die Naturgesetze sind nur die Lebensgrundlage dieses kleinen Sterns Erde hier. Deshalb sagt Gott in der Bibel: „Meine Gedanken sind nicht eure Gedanken!" Was Er alles schaffen kann, können wir nicht einmal erahnen. Es ist unermeßlich groß und vielgestaltig. Die Wunder in Christi Leben sind deshalb ein direkter Beweis für die Wahrheit von Gottes allmächtiger Existenz, die er uns auf diese Weise kundtut. Laß Dir also nicht die direkte Wahrheit des Evangeliums ausreden, lieber Heino, denn die, die das versuchen, versuchen Dir den Kern des Glaubens zu rauben – und das ist nicht weniger übel als das, was uns Alten als Kinder im Hitlerreich geschah!

Ich habe mich deshalb besonders gefreut, daß Du an meiner Geschichte über den Jungen aufgewacht bist, der sich vor all den Lachern zum Glauben bekannte. Bleib' so wach, Heino, dann wirst Du auf einmal auch zum Gottesdienst Ja sagen können. Ich wünsche Dir das sehr!

Christa Meves

Kondome und Safer Sex

Hey, Sie,

sind Sie die Tante von dem Verein „Verantwortung für die Familie", die diese gelben Faltblätter in die Welt streut? Ich habe eins davon in die Finger gekriegt und war einigermaßen weggetreten darüber, was Sie da zur Verhütung von AIDS schreiben. Sie behaupten einfach, daß das Kondom kein sicheres Verhütungsmittel ist!

Wie kommen Sie denn darauf? Immerhin sind in Deutschland in den letzten Jahren eher weniger Leute an AIDS gestorben, und das ist doch wohl ein Beweis dafür, daß die vielen Aufklärungskampagnen, die von der Regierung und von der AIDS-Hilfe durchgeführt worden sind, hier geholfen haben; denn bei diesen Bemühungen wurde auf das Kondom als der besten Möglichkeit gegen eine Infektion mit HIV hingewiesen.

Ist es nicht nötig, Ihren veralteten Standpunkt aufzugeben und in ihren Mitteilungsblättern lieber etwas zu schreiben, was wirklich Sache ist? Ich fände es gut, wenn Sie das klarstellen und mir dann antworten würden. Ich lerne Elektriker, bin 16 Jahre alt.

Manfred

HALLO MANFRED,

Ich finde es gut, daß Du meinen Satz aus der Informationsbroschüre nicht einfach so hinnimmst, sondern mich gewissermaßen herausforderst, Dir Rede und Antwort zu stehen. Das ist sinnvolles kritisches Bewußtsein. Nur wer fragt, weiter fragt, tiefer fragt, darf die Hoffnung haben, einen Standpunkt zu gewinnen, der sich sehen lassen kann.

Du fragst also nach dem Kondom – und ich verstehe gut, daß Du diese Verhütungsart verteidigen willst – scheint es doch so, als könnte es allein das bisher einzig wirksame Mittel sein, um eine Epidemie mit der tödlichen Infektionskrankheit zu verhindern. Weil man nichts Besseres hat, deswegen vor allem wohl wird dieses alte Verhütungsmittel zur Zeit in den Aufklärungsschriften für Jugendliche so warm angepriesen.

Als erstes mußt Du aber wissen, daß die Menschheit mit diesem Gummi schon eine Menge Erfahrungen gesammelt hat, ist es doch schon weit über hundert Jahre alt und wurde jahrzehntelang von vielen Männern zur Verhinderung von Schwangerschaften benutzt. Ich nun bin eine alte Psychotherapeutin für Kinder und Jugendliche, die unzählige Mütter nach der Entstehung ihrer Kinder zu befragen hatte (weil das wichtig ist, wenn man herausfinden will, warum diese schwierig geworden sind). Dabei ist mir schon oft erzählt worden, daß ihr Kind eigentlich noch nicht oder nicht mehr hätte kommen sollen, daß aber das

Kondom „versagt" habe. Es sei verrutscht oder gerissen, so daß die Schwangerschaft doch zustandege-
kommen sei.

Das Kondom war schon früher als Verhütungsmittel
gegen die Zeugung unerwünschter Kinder nur sehr
mittelmäßig und auf gar keinen Fall sicher. Deshalb –
und auch, weil es bequemer war – schwenkte die
Menschheit, nachdem die Antibabypille auf den Markt
kam, sofort dorthin um. Schließlich garantierte die Pille (bei regelmäßiger Einnahme) im Gegensatz zum
Kondom eine fast 100%ige Verhütung.

Dieser Unterschied in der Erfolgsquote war in der Se-
xualforschung auch bereits unstrittig zu der Zeit, als
AIDS auftauchte und der HI-Virus als Erreger dieser
tödlichen Immunschwäche entdeckt worden war. Dir
ist ja sicher bekannt, daß die Übertragung von HIV
von einem infizierten Menschen auf einen anderen
dadurch geschieht, daß Sperma oder Blut – meist
durch eine Wunde, eine offene Stelle oder mit Hilfe
einer Spritze – in seine Blutbahn gerät.

Obgleich man wohl die Unsicherheit von Kondomen
bei der Schwangerschaftsverhütung längst kannte,
schwor man plötzlich auf den alten Hut! Dabei war
das Kondom inzwischen keineswegs sicherer geworden, im Gegenteil; denn das HI-Virus ist winzig klein,
bis zu 500mal kleiner als ein (auch nur unter dem

Mikroskop sichtbarer) menschlicher Samenfaden. In einem Bericht las ich, daß keine Gummifabrik die Garantie liefern könne, Kondome von einer Dichte herzustellen, die garantiert für das HI-Virus gänzlich undurchlässig wären.

Schon deshalb also ist diese Aussage in den Aufklärungsheften eine Beschönigung. Schließlich besteht die erst genannte Unsicherheit in vollem Umfang weiter, ja, sie vervielfältigt sich. Dennoch aber wird das Kondom als Verhinderung der neuen tödlichen Krankheit geradezu angepriesen!

Ist das nicht äußerst leichtfertig? Heißt es nicht bei jeder Werbung für jedes andere Medikament: „Nach Risiken und Nebenwirkungen fragen Sie bitte Ihren Arzt oder Apotheker"? Müßte es auf dem Beipackzettel der AIDS-Hilfe dann nicht auch heißen: Trotz Kondom läßt sich eine Infektion mit dem HI-Virus nicht gänzlich ausschließen – es könnte sein, daß Sie infiziert werden und nach einer längeren Inkubationszeit (von oft 10 bis 12 Jahren) der Zusammenbruch Ihres Immunsystems erfolgt und Sie in wenigen Monaten qualvoll zu sterben haben?

Wenn die Sache „astrein" wäre, müßten das dann die Leute vom Gesundheitsmanagement nicht unbedingt mit draufschreiben? Ja, und warum geschieht das nicht? Wie sollen denn die Jugendlichen verantwortungsbewußt eine Entscheidung treffen, wenn ihnen auf den extra dafür eingerichteten Informationsblättern die ganze Wahrheit gar nicht erst mitgeteilt wird? Was sagt der so nachdenkliche kritische Manfred dazu? Riecht das nicht bedenklich nach Betrug? Warum soll die Jugend denn die ganze Wahrheit eigentlich nicht wissen? Kann doch die Täuschung über eine möglicherweise erfolgte Infektion die grausamsten Folgen haben: Der Angesteckte weiß nichts von seiner Krankheit. Er merkt ja oft jahrelang keine Symptome. Und jeder, mit dem er dann schläft, ist in der großen Gefahr, ebenfalls infiziert zu werden (zumal man gar nicht mehr so sicher ist, daß das Virus nicht doch auch durch Speichel, u.U. also auch durch Küssen übertragbar ist).

Übrigens: Die Tatsache, daß die Zahl der an Aids Gestorbenen in den letzten Jahren nicht zugenommen hat, ist kein Beweis dafür, daß sich nicht die Zahl der Infizierten erhöht hat, wie Du meinst. Manche Aids-Kranke sterben an irgendeiner fieberhaften Erkrankung, ohne daß überhaupt je ein Aids-Test gemacht wurde. Es gibt ja in Deutschland keinerlei Verpflichtung dazu. Da Aids-Kranke fürchten, wie Aussätzige behandelt zu werden, neigen sie ohnehin dazu, ihren eigenen Verdacht zu verschweigen und in die Durchführung eines Aids-Tests gar nicht erst einzuwilligen. Durch das Fehlen jeglicher Kontrolle ist die faktische Situation auf diesem Feld in Deutschland gänzlich unübersichtlich. Eine ungefähre Zahl hat die WHO jüngst mit über 30 Millionen Neuinfektionen pro Jahr weltweit angegeben und gleichzeitig eingestanden, daß die neue Epidemie international außer Kontrolle geraten ist.

Das also ist der viel zu lange verschwiegene Tatbestand, und deshalb muß noch einmal gefragt werden: Warum diese beschönigende Täuschung der Jugend? Wer und was kann es verantworten, sie leichtfertig einer tödlichen Gefahr auszusetzen; denn hinzu kommt ja nun noch das Potential der vielen, die zwischen 1980 und 1994 irgendwann einmal eine eventuell mit HIV verseuchte Bluttransfusion erhalten haben, und die ebenfalls noch gar nicht auf die Idee gekommen sind, daß sie u.U. HIV-positiv und damit ansteckend sein könnten. Hinzu kommen die Fixer, die sich mit u.U. verseuchten Kanülen ihr Heroin spritzen, und dann, bitte nicht zu vergessen, die schwulen Männer, die bei ihrer Art, sexuell miteinander umzugehen, nachweislich mehr als alle anderen anfällig für eine Infektion sind, weil am After durch Geschlechtsverkehr sehr viel häufiger Verletzungen hervorgerufen werden. Deshalb waren in den letzten Jahren an die 85 % der Aids-Toten aktive Homosexuelle.

Du siehst: Das Ganze ist ein Riesenproblem, und mit ein bißchen Gummi ist es ganz bestimmt nicht aus der Welt zu schaffen. Und deshalb zum dritten Mal die Frage: Na, was denkst Du denn, warum wird der Jugend dieser ganze faule Zauber mit dem Kondom als Allverhütungsmittel immer wieder erzählt?

Ich will es Dir verraten: Damit die Jugendlichen nicht auf die Idee kommen mögen, nachzudenken und sich wirklich ganz informiert zu sagen: Hoppla, wenn ich mir den Tod holen könnte, indem ich's mal mit einem Mädchen, das es mit allen gern macht, versuche oder mal schaue, was mir sonst noch so alles gefällt – wenn ich mir durch solches Herumgemache also wirklich den Tod holen könnte, dann laß ich es erstmal vorläufig doch lieber ganz! Schließlich will ich mich doch nicht für dumm verkaufen lassen und mir von der BRAVO einreden lassen, ich sei nicht normal, wenn ich nicht schon im Jugendalter Sex habe! Warum auch soll ich mit den Mädchen umgehen als seien sie nichts als ein Gebrauchsgegenstand – ähnlich einer Kaffeetasse aus Pappe? Später, wenn ich das Mädchen gefunden habe, das ich heiraten möchte, können wir dann ja beide einen Aids-Test machen, um ganz sicher zu gehen, dann brauchen wir nicht mal mehr das blöde Gummi, weil wir ohnehin gern zusammen Kinder haben wollen.

Lieber Manfred, bitte stell Dir doch einmal die Frage, ob diese gute, notwendige und vernünftige Konsequenz als Reaktion auf eine tödliche Gefahr wie Aids mit einer solchen Desinformation, wie sie landauf, landab der Jugend vermittelt wird durch die Kondom-Lüge, nicht vielleicht absichtlich verhindert werden soll? Steckt dahinter vielleicht gar kein echtes Verantwortungsbewußtsein, sondern eine böse Leichtfertigkeit? Haben die Erfinder der Kondomempfehlung bei der Aids-Aufklärung vielleicht gar nicht die Absicht, Euch Jugendliche vor diesem schrecklichen Tod in jungen Jahren zu bewahren?

Bitte stell Dir einmal diese Fragen. Ich darf Dir als älterer Jahrgang sagen: Was böse Verführer mit Jugendlichen vorhaben, das merken die leider häufig erst, wenn es zu spät ist. Es gibt eben das Böse in der Welt. Meistens gibt es scheinbar sogar vor, etwas besonders Gutes zu sein. Das wird dann auch häufig von gutgläubigen Erwachsenen, die sich selbst täuschen ließen, voll Eifer mit verbreitet.

Gib also acht und laß Dich durch keine Schalmeienklänge einlullen! Eine kluge Reaktion auf die tödliche Geschlechtskrankheit Aids heißt: Enthaltsamkeit, bis sich die richtigen Partner gefunden haben. Nimmt man das Auftreten von Aids gar als ein Zeichen, eine Warnung dafür, mit dem Intimleben nicht weiter schon im Jugendalter anzufangen, dann wird das Warten auch gar nicht mehr so schwer. Dann weiß man, daß man eine klügere, eine echt sichere Entscheidung getroffen hat und deshalb viel mehr Chancen hat, später, in der Ehe, als gesunder Mann mit einer gesunden Frau glücklich zu werden.

Versuch's doch, es lohnt sich bestimmt!

Tschüs!
Christa Meves

EIN KAMPF

um die Ehrfurcht vor dem Leben

Liebe Jugendgruppe „Lebensrecht" aus Südtirol!

Ich habe Euren Aufruf gelesen und bin davon hell begeistert! Das muß ich Euch einfach gleich schreiben. Ihr seid echt fortschrittlich – daran können die Menschen in Deutschland sich ein Beispiel nehmen. Klar, für die Umwelt setzen sich auch bei uns schon viele ein, besonders aus der jungen Generation. Daß wir mit der Natur nicht einfach so umgehen können, wie es uns beliebt, das ist allmählich schon ziemlich gut ins Bewußtsein der Bevölkerung gebracht worden. Waldsterben und Ozonloch machen manchen, die da an den Hebeln sitzen, berechtigterweise bereits Beine.

Aber Ihr habt einen neuen Akzent gesetzt. Ihr macht mit Eurem Aufruf den Menschen klar, daß nicht nur Pflanzen und Tiere zur Natur gehören, sondern auch der Mensch. Hierzulande ist nämlich in dieser Hinsicht häufig geradezu eine Art Gespaltenheit entstanden: Die eindrucksvollste Geschichte, die ich erlebt habe, wurde mir in Niedersachsen erzählt. Hier machten sich im Juni drei Jungen und ein Mädchen, allesamt 17, in einer Vollmondnacht auf, um Kröten zu sammeln, die über eine Landstraße den Weg zu ihrem Laichplatz nahmen und dabei durch die Autos umkamen. Die Jugendlichen verrichteten denn auch ganze Arbeit. Sie schafften es, den Strom der Tiere umzu-

lenken, so daß sie vom Massentod verschont blieben. Zufrieden machten sie dann in einem Heustadl Rast, einer hatte Bier mitgebracht, und als alle beschwipst waren, begann einer, mit dem Mädchen zu schmusen. Die fand das okay, und schließlich bedienten sich ihrer alle vier. – Nur: Nach drei Wochen stellte sich heraus – sie war in dieser Nacht schwanger geworden. Nun wollte es keiner gewesen sein! Keiner der drei Jungs zog mit, und so wurde das Kind nach einem langen Hick-Hack mit den Eltern abgetrieben. Kröten gerettet, Menschenbaby getötet! Es muß jemandem mit einem gesunden Verstand eigentlich klar sein, daß hier etwas widersprüchlich ist.

Ihr habt mit dieser häufig vertretenen Ansicht Schluß gemacht. Mit Recht heißt stattdessen eine Passage in Eurem Appell: Jedes einzelne Kind ist eine Schöpfung Gottes. Von Anfang an ist es Mensch, ein Individuum, ein Einzelexemplar, das es nirgendwo auf der Erde noch ein zweites Mal geben wird. Es muß klar sein, daß niemand ein Recht hat, einen so wertvollen Plan Gottes, ein kostbares Menschenleben zu töten. – Ihr bietet den Frauen in Not Hilfe an mit einem besonderen Frauenhaus für ungewollt Schwangere, durch die Organisation von Spenden und Adoptionsvermittlung. Das ist wirklich eine erfreuliche Großtat. Dazu kann man Euch nur beglückwünschen. Ganz besonders gut finde ich auch Euren Hinweis, daß viele Frauen nach einer Abtreibung niemals wieder von ihren

Schuldgefühlen loskommen. Ja, manche werden dadurch chronisch seelisch krank. Auch darüber werden
die Jugendlichen hier meist gar nicht erst aufgeklärt.

Aber nicht nur auf diese Weise versucht Ihr, neu die
Schwerpunkte zu gewichten. Ebenso wettert Ihr gegen
die Abtreibungspille RU 486, indem Ihr allen, die es
hören wollen, verdeutlicht, daß damit zum ersten Mal
ein Mittel eingeführt wird, das nicht bei einer Krankheit zur Heilung dient, sondern das direkt zum Töten
erfunden worden ist – und Ihr macht klar, daß die Erlaubnis für die Einnahme einer solchen Pille das Un-
rechtsbewußtsein schwächt und die schwangeren
Frauen noch mehr als bisher an alle die Personen in
ihrer Umwelt ausliefert, die sich weigern, für das un-
geborene Kind gerade zu stehen – wie in meinem Beispiel!

Und es ist sehr verdienstvoll, daß Ihr den Mädchen in
Eurem Alter klarmacht, wie wenig es zu ertragen ist,
sein ungeborenes Kind in die Toilette zu kippen und
mit der Wasserspülung in die Kanalisation zu beför-
dern. Da kann man sich noch so sehr das Gerede
über das „Recht auf den eigenen Bauch" zu eigen gemacht haben – in solcher Situation wird jedes Mädchen erkennen, wie falsch und menschenverachtend
diese Vorstellung ist. Aber dann ist es zu spät.

Deshalb ist es so wichtig, daß Ihr mit Eurem Aufruf den Mädchen klaren Wein einschenkt. Es muß einem in Eurem Alter voll bewußt sein: Geschlechtsverkehr ist kein nettes, allgemein anerkanntes Gesellschaftsspiel! Er hat, auch im Verhütungszeitalter, immer noch weiterhin etwas mit Fortpflanzung zu tun. Deshalb sind trotz aller Aufklärung die Abtreibungszahlen seit der Aufweichung des § 218 StGB in Deutschland so hochgeschnellt. Wie notwendig ist es, daß Ihr in Eurem Aufruf an das Verantwortungsbewußtsein jedes einzelnen Mädchens appelliert! Man tut nicht nur seinem Leib, nicht nur dem Kind, sondern auch Gott und der eigenen Seele etwas sehr Böses an.

Ganz große Klasse finde ich, daß Ihr noch nicht mal dabei stehenbleibt, sondern klar macht, daß diese Leichtfertigkeit gegen das Lebensrecht der Ungeborenen ein Deichbruch ist, der es dann auch bald möglich machen wird, angesichts der viel zu vielen Alten in unserer Gesellschaft Sterbehilfe schmackhaft zu machen, ja, schließlich auch Euthanasie gegen den Willen der gebrechlichen Alten einzusetzen. Wenn erst die Achtung vor der Würde des Menschen durch die Gewöhnung an solche Grenzüberschreitungen nicht mehr als ein hoher Wert respektiert wird, beginnt der Rückfall in die Barbarei.

Mit Recht rüttelt Ihr an der geistigen Schläfrigkeit der Menschen heute! Ist es nicht im Sinne der Solidargemeinschaft, wenn die Alten, diese unnützen Esser, für die soviel Rente zu bezahlen ist, den Jungen Platz machen? Aber eine solche Einstellung öffnet der Barbarei alle Türen! Kein Zweck darf die Mittel heiligen, schon ganz und gar nicht, wenn dabei Menschenleben gewissenlos vernichtet werden.

Das ist deshalb böse, weil der Mensch sich damit Entscheidungen anmaßt, die nicht seine Sache sind. Wir Menschen sind nun einmal nicht die Herren über Leben und Tod. Jeder einzelne ist vielmehr eine Schöpfung Gottes und deshalb sein Eigentum. Menschliche Anmaßung dieser Art ist in der Geschichte immer mit großen Strafgerichten Gottes geahndet worden. Werdet also nicht müde, für die große Wahrheit zu kämpfen. Das ist echter Fortschritt!

Herzlichst! Christa Meves

Ich bin ein Versager!

Liebe Frau Meves!

Ob Sie sich wohl erinnern? Bevor wir nach Süd-
deutschland gezogen sind, wohnten wir in Ihrer
Nachbarschaft. In der Grundschulzeit bin ich im
Sommer oft bei Ihnen im Garten gewesen und
habe mit den Kindern gespielt, die zu Ihnen kamen. Ich begriff damals noch nicht, daß das etwas mit Therapie zu tun hatte – das habe ich
erst verstanden, nachdem ich später ein Jugend-
buch von Ihnen gelesen hatte. Aber weil wir uns
doch kennen, wage ich es, Ihnen wegen eines wirklich großen Problems zu schreiben.

Ich bin jetzt 15 und seit einiger Zeit mit Johannes befreundet. Er ist ein Jahr älter als ich, ein
sehr stiller Typ; wir mögen uns sehr. Seit ein paar
Wochen kommt er aber nicht mehr mit sich zurecht. Die Sache ist nämlich die, daß er die Ver-
setzung in die 10. Klasse nicht geschafft hat.
Das hat einen Vorteil: Seitdem sind wir in der selben Klasse. Aber warum ist er sitzengeblieben?
Dumm ist er nicht, dennoch hatte er in der alten

Klasse vor den Sommerferien seine Klausuren total verhauen. Er weiß auch nicht so recht, woran das lag. Jedenfalls hatte er ganz gut gelernt, meint er. Aber er hatte in seiner Familie viel zu verkraften: Seine Eltern haben sich – solange ich ihn kenne – überhaupt nicht verstanden. „Bei uns zu Hause ist fast jeden Abend Krach", erzählte er mir damals schon.

Jetzt haben die Eltern beschlossen, sich scheiden zu lassen. Aber dadurch ist nichts besser geworden: „Beide erwarten immerzu, daß ich für den einen oder den anderen Partei ergreife", sagt er. „Beide wollen, daß ich bei ihnen bleibe." Sein Vater zieht demnächst in eine andere Wohnung und hat gleich schon ein Zimmer für ihn mitgemietet, und die Mutter erwartet, daß er bei ihr zu Hause bleibt. Er hat sie aber beide gern und kann sich nicht entscheiden. Das ärgert nun wieder die Eltern, und so gibt's auch deswegen Krach. „Sie zanken sich darum, wer was für mich bezahlen soll", sagt er und läßt den Kopf hängen.

Aber deswegen würde ich Ihnen noch gar nicht mal schreiben. Aber da ist noch eine andere dicke Sorge. Ich hab' Johannes gesagt, deswegen doch mal einen Arzt zu fragen oder Ihnen zu schreiben. Aber er ist eben überhaupt ganz lahm, und schließlich hat er gesagt: „Schreib' du ihr doch; du kannst ihr gern alles sagen. Wenn sie dann wiederschreibt, das wäre natürlich gut."

Die Sache ist nämlich die, daß Johannes sich am liebsten umbringen würde. Wenn er über eine Brücke geht, fällt ihn der Gedanke an, auf das Geländer zu klettern und runterzuspringen. Wenn er die Schlaftabletten seiner Mutter im Badezimmer sieht, denkt er: Ich brauchte sie doch nur alle auf einmal zu schlucken, und alles wäre vorbei. Einmal hat er sogar schon ein Stück Wäscheleine auf dem Boden an einem Haken festgemacht. Er hat es bisher nicht getan, weil er dann plötzlich an mich denkt, sagt er. Er will es auch nicht; aber es ist wie ein Sog.

Ich habe darauf erwidert, daß das aber vor Gott eine Sünde ist. Aber dann zuckt er nur mit den Schultern und meint: „Das bringt mich auch nicht weiter. Auf eine Sünde mehr oder weniger kann es doch wohl nicht ankommen."

Er findet auch, daß das ganze Leben Scheiße ist. Er sieht keinen Sinn darin. „Ich kriege doch nie einen richtigen Beruf", sagt er. „Ich kann mich doch gleich beim Sozialamt anmelden." – Und wenn ich ihm sage, daß ich doch zu ihm halte, meint er, einen Versager könne man nicht lieben. Irgendwann hätte ich das bestimmt auch satt, mit ihm zu gehen. Jetzt versucht er manchmal schon, Ausreden zu finden, wenn ich ihn anrufe und mit ihm reden oder ihn treffen will. „Hat doch alles keinen Sinn", ist seine ständige Redensart. Ich habe Angst um ihn!

Bitte, liebe Frau Meves, bitte schreiben Sie ihm doch einmal einen Brief! Es geht um sein Leben, und er hat nicht mal mehr die Kraft, Ihnen zu schreiben!

Mit lieben Grüßen
Ihre ehemalige Nachbarin Rebekka

LIEBE REBEKKA,

*Du bittest mich um etwas sehr Schwieriges!
Ich glaube, ich habe noch nie in meinem Therapeu-
tenleben jemandem geantwortet, der nicht selbst an
mich geschrieben hat. Soll ich hier eine Ausnahme
machen, weil Du es bist? Ich erinnere mich natürlich
noch ganz genau an das kleine, liebe Rebekka-Mäd-
chen mit dem blonden Pferdeschwanz in meinem
Garten. Die war damals immer schon hilfreich, ja, zu
den Kleineren richtig fürsorglich. Manchmal hast Du
mir geradezu geholfen, den oft rauhbeinigen Kindern
Fairneß beizubringen, weil Du's ihnen vormachtest!*

*Der zweite Grund ist natürlich der, daß aus Deinen
Worten deutlich wird, wie schlecht es Deinem Johannes geht. Deshalb muß ich es wohl auf mich nehmen,
einen sogenannten „Kunstfehler" zu begehen; denn
Kunst hin oder her: Es geht offenbar um ein Menschenleben, und da darf nichts unversucht bleiben.
Ich werde also dem Brief an Dich einen offenen an Johannes beilegen – mit Absicht offen, damit Ihr alles
weitere miteinander besprechen könnt und Du ihm
auch bei evtl. weiteren Schritten zur Seite stehen
kannst, ohne daß er Dich dabei aussperren kann, indem er verschweigt, was ich geschrieben habe. Bitte
berichte ein andermal, wie alles gelaufen ist!*

Deine Christa Meves

LIEBER JOHANNES,

Du bist in großer Not, das weiß ich von Rebekka – und so will ich, Euch beiden zuliebe, den Versuch machen, Dir einiges dazu zu schreiben. Du sitzt anscheinend in einem Stimmungstief, und das ist gewiß zu verstehen. Du hast z.Zt. ja auch eine ganze Menge auf dem Buckel, und da fühlt man sich leicht einmal so, als ließe sich das alles nun nicht weiter ertragen.

Aber solche Sachen haben trotz der Lähmung, die sie hervorrufen, einen großen Vorteil: Man macht die Erfahrung, daß man allein aus der Misere nicht herauskommt. Man sitzt eben wirklich auf dem Boden eines Brunnenschachts, dessen Betonwände so glatt sind, daß man keinerlei Chancen hat, da allein wieder herauszukrabbeln. Man braucht Hilfe – und die Eltern, die bisher dafür zur Verfügung standen, kommen hier nicht in Frage. Immerhin ist da Rebekka – sie ruft zu Dir hinunter; aber sie allein kann Dich natürlich auch nicht herausholen. Sie muß Hilfe holen, und das tut sie ja nun auch. Solche Erfahrungen sind wichtig. Keiner schafft es, durch dieses haarige Leben durchzukommen, ohne in Krisensituationen auf Hilfe angewiesen zu sein. Das ist eine gute Erkenntnis. Man lernt dadurch nämlich, sich besser einzuschätzen. Kein Mensch kann sehr schwere Situationen allein bewältigen. Wir sind als Menschen aufeinander angewiesen!

*Wenn man das erst einmal begriffen hat, kommt man
von seinem Stolz runter: Man freut sich daran, daß
man eine Rebekka hat, man stößt sie nicht zurück,
wenn sie helfen will – und, wenn es einem wieder besser geht, ist man dann plötzlich auch viel aufmerksamer gegen andere, die Hilfe brauchen. Man wird
eher bereit, sich auch für andere einzusetzen.*

*So sehr es also scheint, als ob schweres Erleben
„Scheiße" ist, so wenig stimmt das: Gerade das
Durchstehen von Leid macht reifer. Du wirst jetzt natürlich – vielleicht schon halbwegs wütend – sagen:
„Aber was soll mir das? Meine Lage ist jetzt aussichts-
los." – Nun, das möchte ich durchaus in Frage stellen.
Du bist sitzengeblieben. Das ist schade, weil es Dich
ein Jahr kostet. Aber erstens: Was ist ein Jahr in einem
mittlerweile so schön langen Menschenleben, Johannes! Darüber hinaus gehst Du in Bayern zur Schule,
wo Schule schwerer ist, aber das Leistungsniveau höher. Vielleicht kommt Dir das aber in der Ausbildung
gemeinsam mit „Nordlichtern" später durchaus zu-
gute. Eine „Ehrenrunde" zu machen, ist grundsätzlich
keine Katastrophe, das passiert schließlich einer großen Zahl von Schülern, den Jungen allerdings häufiger
als den Mädchen.*

*Daran wird auch ersichtlich, woran das häufig liegt:
Nicht daran, daß Ihr dümmer seid als die Mädchen,
sondern daran daß Ihr Euch meistens nicht so penibel*

auf die Klassenarbeiten vorbereitet wie sie und überhaupt weniger zu Hause paukt als sie. Wenn man nun merkt, daß man sich damit schwer tut, und man allmählich von Zeugnis zu Zeugnis absackt, muß man eben auch hier Gegenmaßnahmen ergreifen. Glücklich, wer dann eine Mitschülerin zur Freundin hat, die so fleißig ist wie Rebekka! Setzt Euch also zusammen, bevor die Klausuren drohen, und arbeitet zusammen! Aber nicht erst am letzten Tag und dann die Nacht durch, das bringt nichts! Mäßig, aber regelmäßig, heißt der bessere Rat. Ich verspreche Dir, das wird Dir bestimmt helfen, und nach jeder halbwegs ausreichenden Arbeit bekommst Du bessere Laune. Man muß dabei die Latte seiner Erwartungen nicht zu hoch legen. Im Wort „befriedigend" ist das Wort „Frieden", in „ausreichend" das Wort „reich" enthalten. Wenn's noch besser wird, freut man sich über etwas Unverhofftes.

Es ist ja auch nicht wahr, daß das Hängenbleiben in der Schule nun ein Signal dafür ist, daß Du für alle Zeiten versagen wirst. Du mußt Dich in acht nehmen, Dir das einzureden. Das ist so ähnlich, als bohrtest Du Dich in Deinen Brunnenschacht nun noch mit aller Macht tiefer rein! Wenn einem das Lernen heute zu schwer wird, geht man eben mit dem Fachabitur ab und von dort in eine Fachschulausbildung. Zu wieviel schönen Berufen kann man mit dieser Vorbildung kommen! Man wird ja nicht allein dadurch zu einem wertvollen Menschen, daß man Abitur macht und eine Universität besucht. Wie man zu einem echt wertvollen Menschen wird, das kannst Du an Rebekka ablesen – daran, wie sie darauf aus ist, Dich wieder auf die Beine zu kriegen! Die falschen Maßstäbe unserer Gesellschaft brauchst Du Dir gar nicht erst anzuziehen. Vom Mercedes und von einem Top-Job ist der wahre Wert eines Menschen nicht abhängig.

Also erstmal: Ich würde Dir raten, Dich gar nicht erst auf Dein „Versagen" einzuschwören. Nie geht im Leben etwas ohne Pannen und Krisen vonstatten. Sie gehören vielmehr zu dem Hindernislauf Leben dazu und stellen sich uns in den Weg, damit wir die Möglichkeit bekommen, dergleichen zu überwinden. Dazu sind sie aufgestellt! „Was mich nicht umwirft, macht mich stärker", sagt deshalb ein kluger Spruch.

Rebekka deutet an, daß bei Dir zu der normalen Lernunlust auch noch die Ehekrise Deiner Eltern hinzugekommen sei. Ich verstehe gut, daß Dich das beeinträchtigt hat, zumal Du die Entscheidung für Vater oder Mutter immer wieder hinausgeschoben hast – vermutlich, um beide nicht zu kränken; aber ich würde Dir doch raten, ihnen bald einmal klare Auskunft zu geben. Dann bekommst Du nämlich Deinen Kopf wieder freier – für Rebekka, aber auch für die Schule.

Im Grunde ist Deine Entscheidung leichter als in den vielen anderen Fällen, mit denen ich täglich zu tun habe: Deine Eltern bleiben beide in der selben Stadt. Du kannst den, bei dem Du nicht wohnst, auch ziemlich oft besuchen. Falls Du mit Vater gehst, wird Mutter sich vielleicht sogar freuen, Dir zwischendurch etwas ganz besonders Schönes zu essen zu machen und auch mal ein Loch in einem Pullover zu stopfen! Du verlierst Deine Eltern ja nicht, wenn Du Dich für das Wohnen bei einem von ihnen entscheidest. Beide behalten für Dich schließlich auch das Sorgerecht.

Darüber hinaus: Wenn Dein Leben durch die Scheidung Deiner Eltern jetzt schon ein wenig selbständiger wird, ist das kein Nachteil. Wenn Du dann in die Ausbildung gehst, vermutlich in eine andere Stadt, so ist das dann kein Sprung ins allzu kalte Wasser. Du hast Dich dann schon in den letzten Schuljahren in Selbständigkeit eingeübt.

Noch einmal, Johannes, wenn man bisher bei seinen Eltern behütet war, erlebt man ihre Scheidung im Jugendalter, als würde einem das Nest weggerissen, und fürchtet doch, so ganz flügge noch nicht zu sein. Aber das wird man dann – gerade dadurch! Man darf es sich nur nicht anders vorstellen. Eltern beginnen in Deinem Alter eigentlich schon, zum Hintergrund zu gehören. Man will und soll sich schließlich das Leben erobern! Und deshalb kann man unter Umständen auch aus einer solchen natürlich sehr traurigen Angelegenheit etwas Positives machen. Man kann einen Schub ins Erwachsenenalter hinein bekommen – mit einem Stoß zwar, der weh tut, aber der Dich genau in die Richtung befördert, die für Dich die richtige ist; denn nichts ist für einen jungen Menschen schrecklicher, als zu vergessen, daß man aus dem Nest heraus muß, wenn man nicht in seiner Entwicklung stecken bleiben will!

Ich verstehe sehr, lieber Johannes, daß Dich die Scheidung Deiner Eltern schwer traurig macht; aber ist das ein Grund zu verzweifeln und Deinem Leben ein Ende machen zu wollen? So verständlich es auch ist, daß Dein Stimmungsbarometer erst einmal auf den Nullpunkt gerutscht ist. Der „Sog", den Du dabei empfindest, ist allerdings ein sehr unheimliches Gefühl. Hast Du Dich mal gefragt: Wer oder was saugt denn da eigentlich? Klar, es sind Deine schwarzen Gedanken, Deine mutlose Stimmung; aber warum werden die so drängend, so als zöge geradezu etwas hinab?

Ich glaube, daß man diese Frage nur befriedigend beantworten kann, wenn man sich ein wenig tiefer mit dem Sinn unseres Menschenlebens befaßt, an dem Du – laut Rebekka – schließlich auch zu zweifeln begonnen hast. Unser Menschenleben ist nicht einfach ein Ping-Pong-Ball, sondern jeder einzelne steht

schließlich in einem großen Zusammenhang. Jeder
von uns ist Teil der Menschheit, und diese hat, so
kann es uns vor allem die Bibel vermitteln, einen gro-
ßen Auftrag. Wir sollen als erstes die ganze Schöpfung
mit ihrer Tier- und Pflanzenwelt als gute Gärtner be-
wahren, und wir sollen als zweites darüber hinaus
daran mitwirken, daß Gottes Wille sich mit Hilfe der
Menschen allmählich verwirklicht: Gott will, daß wir
in seinem Geist leben. Und das heißt, wir sollen uns
soviel wie möglich darum bemühen, anstelle von
Egoismus und Bequemlichkeit Taten der Liebe und der
überpersönlichen Verantwortung einzusetzen.

Eigentlich ist das gar nicht so schwer zu begreifen:
Gott will, daß wir uns gewissermaßen hinauflieben zu
ihm. Er ist die Liebe, er steht für das Leben, für ewiges
Leben sogar, wissen die Christen. (Und Rebekka hat
mir verraten, daß Du dazu gehörst.) Dem Leben =
Gott steht ein anderer Geist gegenüber: der der Zer-
störung, der des Todes. Der Mensch hat die Freiheit,
sich für die eine oder die andere Seite zu entscheiden.
Wenn er mutlos wird, gerät er in eine große Gefahr:
seine Kraft sinken zu lassen, und dann ist es wirklich,
als wenn eine dunkle Macht von unten nach ihm griffe.

Man muß das wissen: Daß da eine Gewalt ist, die
Gottes Hoffnung auf Dich, Johannes, kaputt machen
will, ja, man könnte es noch direkter sagen: die Dich
Gott abspenstig machen will! Bitte stell Dir das vor:

Da will jemand Deine Situation ausnutzen, um Dich dazu zu bringen, Hand an Dich zu legen! „Du sollst nicht töten!" ruft Gott uns deshalb mit dem fünften Gebot zu, damit wir das auf jeden Fall parat haben, wenn uns solche Gedanken beherrschen wollen. „Tue es nicht!" sagt Dir Gott. „Versteh' doch, daß ich Dich mit diesem Gebot vor dem Geist der Zerstörung beschützen will! Mir liegt so viel an Dir – Du bist ein begabter junger Mann. Was kannst Du noch alles Gutes mit Deinem Leben anstellen, für Dich, für die Menschen in Deinem Umfeld, vielleicht sogar für die Menschheit – ganz gewiß aber für mich, Deinen Gott, Deinen Schöpfer und Vater!"

Verstehst Du, Johannes, der Sog, von dem Du zu Rebekka gesprochen hast, ist eine Versuchung. Versuchung wozu? wirst Du fragen. Nun, der große Psychoanalytiker Freud pflegte diejenigen seiner Patienten, die Selbstmordabsichten äußerten, regelmäßig zu fragen: „Wen wollen Sie denn eigentlich töten?" – Auch das muß man sich selbst dann fragen, wenn man scheinbar nichts anderes will, als die ganze Lebenslast loszuwerden; denn das ist das Tückische: Solche Gedanken bleiben meist unbewußt. Und doch sollte man die Tapferkeit haben, sich mutig selbst anzuschauen und zu fragen: „Nun, wen also?"

Johannes, wenn uns jemand weh tut, will etwas in unserer rohen Seele mit gleicher Münze erwidern:

*Aug' um Auge, Zahn um Zahn! – Es gibt in uns gera-
dezu einen Automatismus nach Rache. Aber was hülfe
es Dir, wenn Du Dich auf diese Weise dafür rächen
würdest, daß Deine Eltern sich scheiden lassen? Wenn
man merkt, daß es bei den Selbsttötungsgedanken
um Dich, um Deine Seele geht, dann kannst Du trotz
aller Resignation den Kampf aufnehmen.*

*Du mußt nämlich wissen, daß die Sterbeforschung die
Vorstellung aller Religionen erhärtet hat, daß mit dem
Tod keineswegs einfach alles vorbei ist. Es ist ein Irrtum zu meinen, man wäre dann alles los, was man
meint, nicht aushalten zu können. Selbstmörder, die
man im letzten Augenblick gerettet hat, beschreiben,
daß sie in einen dunklen Tunnel gerieten, mit unheim-
lichen Gestalten und Ähnlichem, ein ganz anderes Erleben als Menschen berichteten, die bei einem unver-
schuldeten Unfall in ein Koma gefallen waren. Sogar
in den uralten asiatischen Religionen wird gewarnt:
„Selbstmord ist die niedrigste Form des Irrtums. Er bedeutet nicht den Tod, sondern das Eintauschen von
Leben gegen Dunkelheit."*

*Auch das lohnt sich zu wissen, um dem Sog nicht
nachzugeben – nicht mit dem kleinsten Finger!*

*Du wirst fragen: Und wie soll ich kämpfen? – Mit
allen Mitteln! Als erstes: Dich an Rebekka halten. Mit
ihr arbeiten, mit ihr Sport treiben (Joggen, Tennis oder*

dergleichen), mit ihr zumindest spazieren gehen,
wenn Du meinst, soviel Kraft noch nicht zu haben.
Mit ihr über die Zukunft sprechen, sie ausphantasieren, Pläne machen, sich auch mit Broschüren über berufliche Innovationen beschäftigen, sich in den Computer und in den Umgang mit dem Internet einüben,
sich so wenig wie möglich mit den Problemen der
Eltern beschäftigen. Kein Kind kann deren Probleme
für sie lösen! Das ist nicht die Aufgabe von Söhnen
oder Töchtern. Und als letztes: Es vermeiden, sich in
das eigene vermeintliche Unglücklichsein hineinzuboh-
ren. Wegdenken davon, stattdessen Rebekka anrufen
– oder wenn das nicht geht, darüber nachdenken,
was man lieber für sie tun kann, was man ihr zu
Weihnachten schenken, vielleicht sogar basteln
könnte.

Du bist ja nicht allein, Johannes. Du hast ein Mädchen an Deiner Seite, um die Dich bestimmt viele
Deiner Mitschüler beneiden. Wenn Du Dich daran
freust und daraus etwas machst, wirst Du Deine Krise
gewiß überwinden können!

Deine Christa Meves

Kommt da noch was, nach dem Tod?

Liebe Christa Meves,

es war schön, daß Sie neulich für meine Mutter und mich so viel Zeit hatten, um mit uns unser Problem zu besprechen. Und ich will nun mein Versprechen einlösen, Ihnen zu erzählen, wie es bei uns weitergegangen ist.

Erinnern Sie sich? Bei unserer Oma, 78, war ein Lymphdrüsenkrebs festgestellt worden. Wir pflegten sie zu Hause, aber sie wurde jeden Tag unruhiger wegen der Kirche. Sie und meine Eltern waren – lange vor meiner Geburt 1982 – ausgetreten, weil man in der DDR davon nur Nachteile hatte. Ich habe überhaupt nicht verstehen können, was sie eigentlich so bedrückte. Deshalb kamen wir ja zu Ihnen. Und Sie haben uns geraten, uns mit einem Priester in Verbindung zu setzen und dafür zu sorgen, daß Oma wieder in die Kirche aufgenommen wird.

Wir haben das auch alles so gemacht. Wenige Wochen später hat meine Oma dann die letzte

Ölung bekommen (was immer das ist) und ist friedlich eingeschlafen. Danach wurde sie katholisch beerdigt. Vorher mußten wir zu einem „Requiem", einer Art „Totenmesse" (?), und dann zur Trauerfeier in die Friedhofskapelle. Der Priester sagte, wie froh sie gewesen sei, weil sie nun doch gewußt hätte, daß sie nach dem Tod in den Himmel kommt.

Mich hat das überhaupt nicht wieder losgelassen. Mir sind mehrere Fragen gekommen. Darf ich sie Ihnen stellen? Als erstes: Ich habe in der Schule gelernt, daß Religion Quatsch ist. Es ist „Opium des Volkes", hat Marx gesagt. Religion haben die Oberen nur erfunden, um das Volk besser beherrschen zu können. Irgendwann stirbt man, basta, aus. Ich habe mir darüber auch nicht weiter irgendwelche Gedanken gemacht – bis das für Oma zum Problem wurde, bis zu ihrer Beerdigung.

Wie ist das nun also? Verfault wirklich nicht alles, wenn wir tot sind? Beziehungsweise, verfault es nur bei denen, die keine Christen sind? Mein Vater meint, daß die Leute sich das mit dem Leben nach dem Tod nur ausgedacht haben, weil sie sich davor fürchten, nicht mehr da zu sein. Meine Mama möchte eher wieder in die Kirche eintreten. Die Beerdigung fand sie gut, besser als die anderen hier sonst. Sie meint, daß sie fühlt, daß Omas Seele auf dem Weg in den Himmel ist. Vielleicht kommt das daher, daß sie ja noch getauft ist – Papa und ich aber nicht. Mein Vater schüttelt dazu nur den Kopf. Aber ich? Ich möchte wissen, was Sache ist.

Neulich habe ich im Radio ein Lied gehört: „Wir kommen alle, alle, alle in den Himmel ..." – Wie aber nun: Keiner, alle, oder nur einige? Und wenn ja, welche sind das? Die Juden, die Moslems, die Christen? Von denen nur die Katholiken, oder auch die Evangelischen? Von denen allen die, die immer nur lieb waren wie unsere Großmutter – oder auch die, die Dreck am Stecken haben? Ich komme allein mit diesen Fragen nicht weiter.

Bitte, können Sie mir helfen? Für Ihre Antwort im voraus: DANKE!

Ihre Angelika

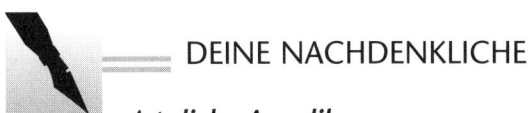

DEINE NACHDENKLICHE

*Art, **liebe Angelika**,*

hat mich schon beeindruckt, als Mutter und Du mich damals besuchtet. Wie schön, daß Du nicht aufgehört hast zu fragen, und deshalb will ich gern versuchen, Dir einiges dazu zu schreiben, obgleich Dein Problem eigentlich nicht zu meinem Fach gehört. Ich bin auf dem Sektor des Glaubens nur ein schlichter Laie, und deshalb würde ich Dir raten, unbedingt auch mit dem Priester zu sprechen, den Du beim Sterben Deiner Großmutter schließlich schon kennengelernt hast.
Aber auf gar keinen Fall möchte ich Dich dahin ab-schieben und Dich mit diesen so enorm wichtigen Fra-gen allein lassen. Deshalb also zur Sache.

Die Wahrscheinlichkeit, daß der Mensch mit dem Tod nicht tot ist (wie es alle Religionen der Welt behaup-ten), hat sich durch die Forschung dieses Jahrhunderts sehr verstärkt. Die Naturwissenschaftler haben her-ausgefunden, daß nichts einfach vergeht, sondern le-diglich in andere, neue Formen des Seins verwandelt wird. Jegliche Form von Energie kann sich nämlich nicht in Nichts auflösen; sie kann aber immer neue Ausdrucksformen finden. Die Sterbeforschung berich-tet zudem von den vielen Erlebnissen von Menschen, die – bereits ohne Herzschlag – durch Eingriffe der Mediziner wieder ins Leben zurückgebracht worden sind. So viele berichteten dann zum Beispiel, daß sie über dem Operationstisch schwebten und gewisser-

maßen als Zuschauer an dem Rettungsversuch teil-
nahmen.

Diese Erlebnisberichte sind mittlerweile so häufig geworden, daß man ganze Bücher damit füllen konnte.
Sehr viele berichten von einem Gang durch einen Tunnel mit hellem Licht am Ende. Auch, daß man den
Auftrag bekam, wieder umzukehren (und das als
schmerzlich empfand), wurde nicht selten berichtet.
Die meisten, die dergleichen erlebten, sind nach ihrer
Heilung gläubig geworden, und viele sind einer Reli-
gionsgemeinschaft beigetreten. Alle sagen übereinstimmend, daß sie jetzt keine Angst mehr vor dem
Tod hätten.

Angelika, es ist doch ziemlich unwahrscheinlich, daß
dies alles nur der menschlichen Phantasie entspringen
sollte. Es bestätigt die Vorstellung, daß der Mensch
eine unsterbliche Seele und in der Ewigkeit eine Hei-
mat hat, nämlich bei seinem Schöpfer: bei Gott. Die
Vorstellungen im einzelnen sind in den verschiedenen
Religionen unterschiedlich. Die lassen sich in einem
Brief nicht alle aufzählen. Wenn Du Dich mit Reli-
gionsforschung beschäftigen willst, wirst Du entdecken, daß es hier eine große Vielfalt, im großen und
ganzen aber doch erhebliche Ähnlichkeiten gibt. Ich
kann Dir jetzt nur das erzählen, was für Erkenntnisse
die Christen aus der Bibel gewonnen haben.

Die Bibel wird von den Christen als Mitteilungen Gottes an die Menschen verstanden. Im ersten Teil, dem sogenannten Alten Testament, in Form von Mitteilungen an das dafür auserwählte Volk, die Israeliten. Sie wurden mit vielen heiligen Personen, den sog. Propheten, gesegnet, die die Aufgabe hatten, Gottes Wahrheit kundzutun. Im zweiten Teil, dem sogenannten Neuen Testament, wird dann durch vier Zeitzeugen, den sog. Evangelisten, von einem Geschehen berichtet, das die seitdem 2000jährige Geschichte des christlichen Abendlandes geprägt hat: die übernatürliche Entstehung, das wunderbare Wirken und das Reden des Gottmenschen Jesus Christus, seine Hinrichtung am Kreuz als Erlöser der Menschen und seine Auferstehung aus dem Grab als der sich offenbarende, den Juden verheißene Messias.

Christus hat den Menschen direkt gesagt, daß alle einen himmlischen Vater haben, der jeden einzelnen liebt und der sich wünscht, daß jeder nach seinem Tod zu ihm wieder heimkehrt. Ob der einzelne Mensch das tut, hängt davon ab, ob er das will. Und das setzt voraus, daß er an Jesus Christus als den Erlöser vom Tod und an Gottvater glaubt. Deshalb werden die neugeborenen Kinder getauft. Die Taufe ist wie der Schlüssel zu den Türen zwischen Tod und Ewigkeit – aber, jedenfalls wenn man als mündiger Mensch stirbt, noch keine Gewähr dafür, daß die Türen sich gleich alle öffnen. Dazu ist vorher die bewußte Entscheidung für

Gott und – soweit irgendwie möglich – ein Leben im Dienst für Gott nötig, und das heißt: Gott als den Schöpfer zu erkennen und zu lieben und sich dann auch um eine Lebensart zu bemühen, wie er sie sich von uns erhofft: mit viel Liebe, Freundlichkeit und Vergebungsbereitschaft für die Menschen, mit denen wir es zu tun bekommen.

Vermutlich wirst Du jetzt erschreckt fragen: Aber was wird dann aus all denen, denen man z.B. wie in der ehemaligen DDR den Glauben ausgetrieben hat? – Das wissen wir nicht genau. An der Unruhe Deiner Großmutter kannst Du aber ablesen, daß sie durchaus zurecht gefürchtet hat, daß daraus jenseits des Todes Ungutes werden könnte: Man kann offenbar für den Himmel auch verloren gehen. Jesus Christus erzählt z.B. von einem hartherzigen reichen Mann, der nach seinem Tod von Gott weit entfernt und damit von der himmlischen Seligkeit ausgeschlossen war. Es scheint für die Seele in der Ewigkeit so etwas zu geben wie Ausgeschlossen-Sein von Gottes Nähe. Christus hat oft gemahnt: Bereitet euch gut vor auf das Leben nach dem Tod, damit ihr nicht in die Finsternis fallt, wo „Heulen und Zähneknirschen" ist.

Das bedeutet – und Christus sagt das mehrere Male im Evangelium –, daß es so etwas geben kann wie ein „Zu spät!": vor allem wohl für die, die mit der Offenbarung gut bekannt waren, aber die sich dennoch einfach darüber hinweggesetzt haben, wie es heute viele Leute geradezu hohnlachend und mit einer ganz bewußten Entscheidung gegen Gott tun. Das gilt allerdings nicht für diejenigen, die gemerkt haben, daß diese Entscheidung falsch war, und sich nun zum Glauben bekehren, und auch nicht für die, die zwar glaubten, dennoch aber ungute Dinge taten und das dann bereuen. Diejenigen Sünder (und dazu gehören wir sicher alle, weil keiner so gut ist, wie er eigentlich sein sollte), die Gott um Vergebung bitten für das, was sie falsch gemacht haben, scheinen mit der Begnadung ihrer Seele keine Schwierigkeiten zu bekommen. Christus hat nämlich ganz bewußt den Tod am Kreuz auf sich genommen, weil er auf diese Weise gerade den sich immer neu verirrenden Sündern die Möglichkeit der Erlösung vom Tode schenken wollte.

Deshalb wollte Deine Großmutter vor ihrem Tod wieder in die Kirche eintreten; denn die von Christus bevollmächtigten Priester konnten sie von ihren Sünden lossprechen. Die Lebensbeichte bei ihrer Wiederaufnahme hat das bewirkt und erst recht das Sterbesakrament, die letzte Ölung, die nach dem Glauben der katholischen Kirche wie ein letztes Reinigungsbad ist und damit die Chance erhöht, ohne viele Umschweife zu Gott zu kommen. Deine Großmutter hat das alles noch gewußt; deshalb hat sie in Frieden sterben können, nachdem sie alles vorher gut in Ordnung gebracht hat.

Liebe Angelika, ich hoffe, daß Du durch diese kleinen Hinweisen dazu angeregt wirst, Dich mit der Bibel zu beschäftigen. Versuch es doch einmal zunächst mit dem Johannes-Evangelium und besorge Dir dazu eine Bibel, die dazu Erläuterungen angibt. Vielleicht findest Du ja auch den Weg in eine Jugendgruppe, in eine Vorbereitungsgruppe zu Taufe und Firmung. Denn zu lernen gibt es auf diesem Feld so vieles und so Gutes, mit dem man wirklich besser leben kann als mit einer Ideologie, die sich nur auf das irdische Leben beschränkt. Versuch's mal mit der Wahrheit! Du darfst mir gern schreiben, wenn Du weitere Fragen hast.

Denk nur: Angelika – das heißt doch übersetzt „kleiner Engel"! Das bedeutet: Mit dem Namen eines himmlischen Geistes bist Du ins Leben gerufen worden. Warum solltest Du jenseits des Lebens nicht einer werden können? Das fände ich nur angemessen und ist für mich ein schöner Gedanke. Ich werde dafür beten, daß Dir die Engel helfen, den Weg zu Gott zu finden.

Mit Liebe
Deine Christa Meves

Ist Rauchen schädlich?

Liebe Christa Meves,

kürzlich las ich in in einer Zeitschrift einen Aufsatz von Ihnen, in dem Sie das Rauchen von Jugendlichen ansprechen. Der hat mir gut gefallen. Ich gehöre nämlich zu den Nikotingegnern in unserer Oberstufe. Aber halt – nun falle ich schon mit der Tür ins Haus. Ich muß mich doch wohl erst mal vorstellen. Ich heiße Barbara, bin 17 Jahre alt und in der 12. Klasse einer Gesamtschule im Emsland. Wie gesagt: In dieser Situation geht mir das Rauchen meiner Kumpel ganz schön auf den Keks. Ich finde es widerlich, wie die Raucher die Luft verpesten. Das sage ich dann allerdings auch und werde dadurch manchmal, besonders von den Jungen, sogar ziemlich gemein angemacht. Dabei können die einem eigentlich doch nur leid tun. Im Grunde weiß doch jeder: Zigaretten gefährden die Gesundheit. Dieser Satz ist auf jeder Zigarettenschachtel abgedruckt. Zigaretten sind gesundheitsschädlich und krebserregend, können Raucherhusten verursachen, machen abhängig. Jeder Jugendliche und Erwachsene kennt die Gefahren. Mehr als die Hälfte aller Kumpel in meiner Klasse rauchen. Und im Grunde liegt das doch hauptsächlich daran, daß sie von der Werbung verführt werden. Deshalb frage ich mich: Warum wird der Zigarettenverkauf nicht eingeschränkt, warum die Werbung für Zigaretten nicht verboten? „Das liebe Geld!" lautet die Antwort. Schließlich gingen Millionen, wenn nicht Milliarden DM an Steuern verloren.

Aber gerade deshalb frage ich mich: Ist es verwunderlich, daß diese Sucht so weit verbreitet ist? Den Zuschauern wird suggeriert, daß Rauchen in bestimmten Situationen hilft und sogar nützlich ist. Auf unserer letzten Klassenfahrt verlangten unsere Leute jede halbe Stunde eine Pause – aber nicht, um sich die Beine zu vertreten, sondern um ihr „Bedürfnis" nach Zigaretten zu stillen! Viele meiner Mitschüler erholen sich in den Pausen, indem sie rauchen, und legen sogar während der Klausur eine Raucherpause ein!

Mir kann keiner erzählen, daß das alles als normal für diese Welt gilt. Es bedarf wirklich keiner großen Anstrengung, den ersten Schritt im Kampf gegen die Zigaretten zu tun. Werbung für das Rauchen sollte total verboten werden. Ich wette, diese Maßnahme hilft weit mehr, als der oben angeführte Satz des Gesundheitsministeriums. Okay, nichts geht ohne Geld, aber geht auch nichts ohne Zigaretten? Ich denke nein.

Liebe Christa Meves, kann man denn da gar nichts tun?

Ihre Barbara

LIEBE BARBARA,

herzlichen Dank für Deinen Brief. Ich habe sehr über ihn gestaunt; denn er zeigt, daß es unter Euch Jugendlichen noch welche gibt, die sich nicht für dumm verkaufen lassen und nicht einfach gedankenlos auf die Vormacher setzen, sondern die den Warnungen der Ärzte und des Gesundheitsministeriums mehr Glauben schenken. Das ist wirklich sehr vernünftig, obgleich viele Jugendliche mit „Vernunft" nicht viel am Hut haben. Ja, Du möchtest am liebsten das Übel mit Stumpf und Stiel beseitigen, möchtest jegliches Nikotin verbieten. Aber vielleicht wäre das nicht einmal nötig, wenn man nur so etwas wie einen maßvollen Umgang mit dem Nikotin pflegen würde; wenn es bei den zwei Zigaretten pro Tag bleiben würde. Aber leider ist das nur sehr selten der Fall.

Mir fällt dazu ein Gespräch ein, das ich kürzlich in meiner Praxis mit einem vierzehnjährigen Jungen hatte. Er rauchte pro Tag, so erzählte er stolz, an die acht bis zehn Zigaretten. Ich machte ihn darauf aufmerksam, daß die Lunge das besonders schlecht aushält, wenn man so früh mit einem Nikotinmißbrauch anfängt. Dann kann der kleinzellige Lungenkrebs bereits schon in jungen Jahren, schon um die vierzig herum ausbrechen, ein Krebs, so erklären die Ärzte, der meist nach monate-, manchmal sogar jahrelangem qualvollen Leiden heute fast immer zum Tode führt. Der Junge winkte ab: „Das weiß ich", meinte er, „aber erstens: Ich habe die Sache im Griff, ich kann aufhören, wenn ich will; und zweitens: Was geht das Sie an? Ich kann mit meinem Leben schließlich machen, was ich will."

Ganz schön cool, nicht wahr? Und doch nicht richtig! Die endlose Zahl der Raucher, die es nicht schaffen, von ihrer Sucht wieder loszukommen, sind ein Beweis dafür, daß selten wirklich der Wille stärker ist als die Gier nach dem Glimmstengel, wenn man sich erstmal daran gewöhnt hat. Der Bub überschätzt also erstens seine Widerstandskraft – und das ist ziemlich selbstherrlich –, aber falsch ist zweitens auch seine Vorstellung, daß sein Rauchen niemand etwas anginge als ihn allein. Das hast Du in Deinem Brief sehr richtig zum Ausdruck gebracht. Schließlich sind wir doch alle mitverantwortlich dafür, ob die Menschen neben uns durch Rauchen schleichend Selbstmord begehen! Schon ganz und gar, wenn die lange schwere Krankheit, die dadurch entsteht, bei den Krankenkassen endlose Kosten verursacht.

Dem Vierzehnjährigen mußte also gesagt werden, daß es ganz schön egoistisch ist zu meinen, es ginge niemanden etwas an, wenn er sich um seine Gesundheit bringt. Wenn viele so denken, können bald alle einpacken, und schließlich hätte niemand mehr noch etwas zu beißen!

Das ist der nächste Grund, warum ich Deinen Brief gut fand: Daß Du es nicht einfach dabei beläßt, mit Dir und Deiner eigenen Vernunft zufrieden zu sein, sondern darüber nachdenkst, wie man Deine verführten Kumpel da herausholen könnte. Wenn Ihr Jugendlichen erst einmal ans Ruder gekommen seid, kann doch nur aus solcher Bereitschaft zu überpersönlicher Mitverantwortung echter Fortschritt entstehen. Wenn Ihr Euch engagiert, vielleicht sogar mit Hilfe eines entsprechenden politischen Amtes oder einer Funktion in den Medien – ja, dann könnte vieles besser werden!

Du wendest Dich mit Deiner konstruktiven Kritik auch gegen die Beschwichtiger, gegen die, die sagen: „Aber das Nikotin wirkt doch als Stimmungsaufheller!"

Hier können die Psychoanalytiker sogar auf einen zusätzlichen Lustgewinn hinweisen: Die Zigarette streichelt gewissermaßen die Lippen. Diese sind von unserer Geburt an besonders lustempfänglich, da vom ersten Lebenstag an alle unsere Nahrung und Zärtlichkeit an die Lippen gebunden ist. Die Zigarette gaukelt den Menschen also eine Art Scheinbefriedigung vor. Sie ist ein schnöder, ja letztlich ein primitiver Ersatz – ähnlich wie der Schnuller für den Säugling ein Ersatz für das Richtige, die Mutterbrust, ist. Ja, man könnte direkt sagen: Rauchen ist der Schnuller der Herangewachsenen. Hinter der zum Mund geführten Zigarette steckt in der Tiefe immer noch die Sehnsucht nach der ersten Quelle tiefer Befriedigung: dem Saugen an der Mutterbrust.

Es lohnt sich, sich das klar zu machen, um zu merken, wie wenig erwachsen das ist. Eigentlich ist die Verführung zum Rauchen eine Gefahr, gegen die wir uns wach zur Wehr setzen müssen.

Deshalb ist auch Deine Empörung darüber berechtigt, daß man etwas so Schädlichem wie dem Rauchen lediglich deshalb keinen Widerstand entgegensetzt, weil es dem Staat so viele Steuern bringt. Dieser Vorwand ließe sich leicht entkräften: Wenn das Rauchen so viele Menschen in eine Sucht führt, von der sie nicht wieder loskommen, wenn sie fast alle später davon chronisch krank werden, mit Bronchitis und vielen anderen schweren Folgeschäden im Nasen-Rachen-Raum und unheilbarem Krebsleiden verschiedenster Art, dann muß doch die Solidargesellschaft bald durch zunehmend höhere Einzahlungen an die Krankenkasse mehr dafür bezahlen, als der Staat vorher für den Verkauf des Gifts eingenommen hat.

Wer hat je eine solche Rechnung aufgemacht? Schon mit Argumenten dieser Art würde es sich lohnen, den Kampf direkt aufzunehmen. Allerdings: Die Politiker in einer Demokratie sind schwach: Wenn man etwa das Rauchen verbieten würde, würde die große Zahl der Nikotinsüchtigen sie bei der nächsten Wahl vermutlich nicht mehr wählen. Deshalb müßte der Kampf gegen das Rauchen einen langen Atem haben.

Damit ist Deine letzte Frage allerdings noch nicht beantwortet: Was läßt sich denn ohne langfristigen Aufschub gegen die Nikotinsucht tun? Nun, ganz direkt nicht allzuviel, weil die Steuereintreiber so tief verantwortungsbewußt nicht denken. Der Finanzminister will in seinem Ressort die Kassen voll haben. Soll der Gesundheitsminister doch allein sehen, wie er zurechtkommt! Keiner will seine Kompetenzen überschreiten und sich dadurch womöglich Ärger einhandeln.

Es ist dennoch richtig, dagegen zu protestieren, wie Du es tust; aber wir können eine Wende in der Abschaffung des Rauchens von den oberen Instanzen her vorerst kaum erwarten. Sie kann nur von den Jugendlichen in der neuen Generation kommen, die sich verantwortungsbewußt entschließen, am besten solchen gefährlichen Unsinn wie das Rauchen gar nicht erst mitzumachen. Erst wenn es allgemein als Verantwortungslosigkeit dem eigenen Körper und den Mitmenschen gegenüber erkannt und gebrandmarkt wird, können wir die Hoffnung haben, daß weniger Menschen sich auf das Rauchen einlassen.

Deshalb ist es auch von größter Wichtigkeit, sich nicht stillschweigend von Zigarettenqualm einstänkern zu lassen. Selbst wenn man dann angemotzt wird, sollte

man den Mund aufmachen und mit Argumenten
kommen, wie wir sie eben zusammen durchgespielt
haben. Natürlich darf das nicht arrogant geschehen.
Die Angesprochenen müssen eher spüren, daß man
sie gerade besonders ernstnimmt und sich deshalb um
sie sorgt. Jedem, dem Du gar durch Aufklärung hilfst,
sich aufs Rauchen überhaupt nicht erst einzulassen,
tust Du schließlich einen ganz wichtigen Dienst. Und
je mehr Menschen von diesem Widerstand angesteckt
werden, umso eher wird es möglich sein, das Rauchen
als ein positives Statussymbol und als Stimmungsaufheller mit einem viel zu hohen Preis ganz abzuschaf-
fen.

Ihr seid die junge Generation, die die Aufgabe hat,
mit Vernunft all die Dinge wieder an den Platz zu
holen, die in den letzten Jahrzehnten zur Maßlosigkeit
und damit zu negativen Entwicklungen geführt haben, weil man meinte, man solle alles an Genuß mit-
nehmen, was unsere freie Demokratie uns zu bieten
habe. Das war kurzsichtig und leichtfertig gedacht.
Nachdem die Schäden sichtbar gemacht worden sind,
brauchen wir jetzt eine neue Vernunft der Jugendlichen. Liebe Barbara, laß Dir Deinen Mut nicht ver-
graulen!

Deine Christa Meves

In die Pfanne gehauen

Liebe Frau Meves,

SOS – dringend! Sie müssen mir helfen, bitte! Ich hoffe, daß Sie mein Fax erreicht und Sie bitte gleich eine Antwort zurückfaxen? Das Problem ist dicke. Sie erinnern sich doch noch an mich, ja? Ich bin der Kevin, den Sie vor drei Jahren mal in Schwung gebracht haben. Das ist alles okay. Ich bin jetzt in der achten Klasse im Hebbel-Gymnasium und komm' mit allem recht gut zurecht, mit der neuen Klasse und mit den Lehrern. Mit meinem Zeugnis im Sommer war sogar mein Vater zufrieden.

Aber nun das Problem: Ich sitze mit meinem Freund Michael in der letzten Bankreihe. Neben ihm sitzt Alex, der ist neu, weil er hängengeblieben ist. Nach ein paar Wochen sah ich eines Morgens, daß die immer wahnsinnsdicke Tasche von Alex offenstand. Drinnen steckte eine große Pistole. Ich fragte ihn lachend, in welchem Spielzeuggeschäft denn man solch ein Ding kaufen könne. Da machte er ein ganz wütendes Gesicht, knallte die Tasche wieder verrammelt unter den Tisch und fauchte mich an: „Die ist echt!" – Ich fragte ihn, warum er das mache. – „Zu meinem Schutz", sagte er von oben herab. – „Aber das ist doch nicht erlaubt", wandte ich ein. – „Geht dich doch einen Scheiß was an!" schrie er zurück. Ich habe Michael in der Pause gefragt, ob er die Pistole von Alex auch schon gesehen habe. – „Red' bloß nicht darüber", meinte der verschüchtert.

In den nächsten Tagen habe ich die Angelegenheit wieder vergessen – ich hatte Besseres zu tun, weil ich gerade dabei war, mich mit Wiebke zu befreunden. Ich merkte nur, daß das Alex überhaupt nicht paßte. Sie sieht wirklich gut aus und ist beliebt. Er hat sie mir sicher nicht gegönnt. Eines Morgens komme ich harmlos zur Schule, da fängt mich unser Klassenlehrer ab und sagt, der Direktor wartet auf uns. Na, als wir hinkamen, liegt da auf dem Schreibtisch des hohen Herrn Alex' Pistole! Der Direktor schaut mich düster an und fragt, ob die Waffe mir gehöre. Ich sage: „Nein, wie kommen Sie denn darauf?" – Er: „Sie wurde unter Deinem Sitz gefunden, und zwar von der Putzfrau, als sie dort saubermachen wollte. Da löste sich ein Schuß, der sie aber glücklicherweise nicht traf." – Drohend faßte mich der Direktor am Kragen und donnerte: „Das ist Körperverletzung! Ich dulde keine Waffen in der Schule!"

Jetzt geriet ich in Bedrängnis: Sollte ich Alex verraten? Ich sagte also: „Sie gehört mir nicht, und ich weiß auch nicht, wer sie unter meinen Sitz gelegt hat." – Der Direx wollte mir das partout nicht glauben, aber unser Klassenlehrer sagte: „Dann müssen wir erst mal nacheinander die beiden Banknachbarn Alex und Michael befragen." – Ich wurde in den dunklen Waschraum gesperrt, und die beiden wurden einzeln vernommen. Alex sagte, sie gehöre mir, und Michael sagte, er habe das Ding nie gesehen! Ich war sprachlos vor Schreck und Wut! Da hat man die nun immer abschreiben lassen, da hat man mit ihnen die Milchschnitten und die Gummibärchen geteilt – und nun dies!

Weil ich, wie die Herren Pädagogen meinten, leugnete, beschlossen sie, weiter zu „recherchieren". Aber auch ich solle ihnen beweisen, daß ich unschuldig sei. – Ich glaube, solche Wut wie an diesem Tag habe ich noch nie gehabt: auf Alex, wegen dieser abgrundtiefen Gemeinheit, aber mehr noch auf Michael, der aus reiner Feigheit nicht die Wahrheit gesagt und mich in der Patsche sitzen gelassen hat – und so was nennt sich Freund! Ich hätte sie wirklich beide gern verprügelt; aber das hätte mich ja in ein noch zweifelhafteres Licht gerückt.

In der Klasse hatte sich die ganze Angelegenheit mittlerweile herumgesprochen. Aber was meinen Sie, da war auch nicht einer, der was gesehen haben wollte! Auf allen Gesichtern stand nur ein Satz: „Halt' mich da raus!"

Schließlich bin ich auf die Idee gekommen, in der 9b herumzufragen, bei Leuten, die im Jahr zuvor neben Alex gesessen haben. Da war tatsächlich einer, der mir in der tiefsten Ecke des Schulhofes flüsterte, er könne Alex' Pistole bestätigen, und er wäre auch bereit, das auszusagen; er wolle sowieso in eine andere Schule wechseln.

Darüber war ich natürlich sehr glücklich; aber ich habe ihn gebeten, bis morgen zu warten, weil ich Sie erst noch um Rat fragen wollte. Mit meinen Eltern kann ich das nicht bereden. Meine Mutter fällt in Ohnmacht, und mein Vater bemüht bei sowas immer gleich den Oberstaatsanwalt. Ich will ja auch nur wissen: Kann ich das vor meinem Gewissen verantworten? Nun haue ich ja den Alex in die Pfanne, so wie Michael mich. Und was wird dann aus der Beziehung zwischen Alex und mir? Er ist sehr stark und wie man sieht echt gefährlich. Bitte, bitte, gleich zurückfaxen!

Kevin

LIEBER KEVIN,

Du hast Glück, daß Du mich gerade noch in der Praxis erwischt hast. Es tut mir leid, daß Du diesen widerwärtigen Ärger bekommen hast! Der Alex hat ja offenbar kein Gefühl dafür, was Anstand ist; denn er hat Dir zweimal sehr Böses zugefügt: Er hat Dich mit einer leichtfertigen Untat belastet, die Du nicht begangen hast, und Dir dann auch noch durch seine Lüge die ganze Angelegenheit in die Schuhe geschoben. Das ist wirklich böse; denn er hat Dir damit ganz bewußt schaden wollen. Und Michael ist ein feiger Jammerlappen! Es ist schrecklich, wenn man von einem Freund so enttäuscht wird in einer Situation, in der man unbedingt zusammenhalten müßte!

Ich würde Dir also raten, das Angebot des Schülers aus der neunten Klasse anzunehmen. In dieser Situation weiter zu schweigen – das hieße nun wirklich, im Übermaß Rücksicht auf Alex zu nehmen. Er hat Dir doch diesen gemeinen, gefährlichen Strick gedreht. Du bist unschuldig und hast ein Recht darauf, daß die Wahrheit ans Licht kommt. Schüler, die sich solche Sachen leisten, werden ohnehin von der Schule verwiesen; denn die Putzfrau hätte ja auch tot sein können! Deshalb brauchst Du mit diesem Feind, so hoffe ich, hinterher nicht mehr zu rechnen. Und wenn der Herr Direktor hier Gnade vor Recht walten ließe, dann müßtest Du eben doch Vaters Hilfe in Anspruch nehmen. Hauptsache, Du hast Deinen Zeugen!

Aber schau, Kevin, was ist das wieder für ein Beispiel über die immer mehr einrastende Unanständigkeit und Feigheit unter Schülern! Bitte bleib' Du bei unserem Konzept: Freundschaft heißt, füreinander einstehen, und: Was du nicht willst, das man dir tu, das füg' auch keinem anderen zu! Anders ist ein wertvolles Leben, mit dem man im Rückblick auch zufrieden ist, nicht zu haben.

Das Fax soll schnell weg. Berichte mal, wie es weitergegangen ist!

Deine alte Beraterin
Christa Meves

Vorbilder und Heilige – Auslaufmodelle?

Liebe Christa Meves!

Erst einmal vielen Dank, daß Sie auf meine erste E-Mail so ausführlich geantwortet haben! Man könnte dann doch zusammenfassend sagen, daß das Internet gerade wegen seiner Größe und den daraus resultierenden Möglichkeiten einerseits für 'verwerfliche' Zwecke leichter ausgenutzt werden kann, andererseits aber auch für einen 'innerlich gefestigten' Menschen keine Gefahr darstellt, da der erste Schritt des Darauf-Eingehens ja bei ihm liegt, oder?

So, jetzt komme ich zum eigentlichen Grund meiner neuen E-Mail heute: Im Reli-Unterricht haben wir gerade die Aufgabe bekommen, etwas zu einem Menschen zu schreiben, „der uns heilig ist". Dabei ist mir wieder klar geworden, daß ich zwar auf vielen Gebieten viele Vorbilder habe, aber kaum einen, eigentlich gar keinen, der mir persönlich heilig ist. Ich meine, sicher, Mutter Teresa oder z.B. Franz von Assisi – sicher sind die auf ihre Art heilig (wobei erstmal zu klären wäre, was heilig eigentlich ist), aber es ist einfach zu schwierig, sich mit diesen zu identifizieren.

Ich weiß, daß ich niemals tun könnte, was die Märtyrer getan haben oder auch nicht so ein entbehrungsreiches Leben führen könnte, wie viele christliche Heilige es getan haben. Ich persönlich interessiere mich da z.B. lieber für John F. Kennedy. Jetzt kommen dauernd Bücher auf den Markt, die seine Affären, seine Verbindungen zur Mafia etc. aufzeigen. Aber ich muß sagen, mich kümmert das eigentlich kaum, ich sage mir: „Okay, der Junge war nicht perfekt, aber das wußte ich auch schon vorher. Das macht ihn einfach menschlich." – Dennoch bleibt er für mich eine überragende Persönlichkeit.

Mein eigentliches Problem ist (sofern man es als Problem bezeichnen kann), daß ich jetzt, wo ich eine mir heilige, christliche Person finden soll, keine finde, weil sie alle so etwas wie Übermenschen sind, die vielleicht oder wahrscheinlich heilig sind, aber nicht mir. Meine Frage ist jetzt: Glauben Sie, daß man ein heiliges Vorbild braucht, oder ob es nicht einfach lebensnäher ist, für viele Bereiche viele verschiedene Vorbilder zu haben, die dafür aber auch nicht unerreichbar sind?

Viele Grüße, Ihre Janne

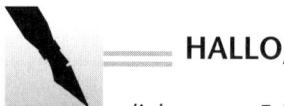 **HALLO,**

liebe neue E-Mail-Freundin Janne!

Da hast Du Dir ja diesmal einen ganzen Sack von Gedanken um Heilige und um Vorbilder gemacht und willst wissen, was ich davon halte. Bevor ich auf Deine tiefschürfenden persönlichen Fragen eingehe, möchte ich vorab die allgemeine Frage beantworten: Brauchen wir überhaupt noch Vorbilder, Helden und Heilige? Können einstige Übermenschen für die Jugend am Beginn des Computerzeitalters noch bedeutungsvoll sein? Sind sie nicht eher Schnee von gestern? Handelt es sich nicht um Berichte einer romantischen Vergangenheit, die ins nüchterne Heute nicht mehr passen?

Du belehrst mich eines anderen, indem Du schreibst, Du hättest viele Vorbilder für verschiedene Bereiche Deines Lebens. Warum sind sie Dir, einer modernen 17jährigen, wohl noch wichtig? Nun, ich nehme an, sie spornen Dich durch ein beachtenswertes Verhalten in den verschiedenen Sektoren Deines Lebens an. Vielleicht spornt Dich Deine Mutter zu Gelassenheit durch ihre Gelassenheit in jeder noch so schwierigen Lage an; Dein Vater durch seinen Fleiß im Beruf zu Deinem Fleiß in der Schule. Vielleicht strebst Du einer Lehrerin im Hinblick auf Mitmenschlichkeit und Hilfsbereitschaft nach und Dein Musiklehrer ist Dir Vorbild in Sachen Taktgefühl – vielleicht nicht nur beim Instrument.

Wir haben ein elementares Bedürfnis nachzuahmen (ich schrieb Dir das schon), und deshalb ist es von höchster Wichtigkeit, daß man Personen vor sich hat, die Mut zum Konstruktiven, zum Besseren, zum Höheren machen. Solche Personen sind doppelt wichtig, weil es schließlich auch Vorbilder mit negativem Verhalten gibt, wie z.B. Dracula oder Kaiser Nero, der ganz Rom angezündet haben soll. Auch sowas nehmen sich Jugendliche gelegentlich zum Vorbild und schlagen so den Weg zum Verbrecher oder Brandstifter ein.

Manches geht aber über die vielfältigen (hoffentlich positiven) Vorbilder noch hinaus. Warum interessierst Du Dich z.B. für das Leben und die Gestalt des vor 35 Jahren ermordeten Präsidenten der Vereinigten Staaten? Hier imponiert Dir vermutlich die Lebensleistung dieses großen Politikers. Du guckst Dir das an, guckst zu ihm auf, wie er seine Laufbahn gestaltet hat, und das spornt Dich vermutlich an, Dich für Geschichte und Politik zu interessieren. Du lernst in der Schule auf diesem Gebiet fleißiger und erfolgreicher, weil Dein Vorbild JFK Dich inspiriert, statt daß Du gelangweilt stur vor Dich hinlernst.

Aber bei Kennedy ist bereits noch mehr dahinter. Durch seinen gewaltsamen Tod wurde schlagartig deutlich, daß ein solches Amt immer auch das Risiko in sich trägt, dafür eventuell sogar sein Leben lassen zu müssen. Was in solchen Fällen anspornt, ist offenbar dieser hohe Einsatz. Dieser Einsatz bestand hier nicht aus Ausbildungsanstrengungen oder Geldaufwand allein, sondern so einer legt eben sein Leben selbst als Pfand in die Waagschale. Er leistet diesen riskanten Einsatz für ein sehr hohes Ziel: seinem Land und damit der Welt durch kluge Friedenspolitik zu dienen.

Daraus wird ersichtlich, daß das Wesen des Vorbildes noch in einer weiteren Eigenschaft liegt: Solche Menschen haben sich bei bestimmten Entscheidungen über ihren hauptsächlich auf Sicherheit bedachten Selbsterhaltungstrieb und ihre eigenen persönlichen Interessen hinweggesetzt. Sie haben all dies einem höheren Wert untergeordnet. Solch eine Überwindung nötigt uns Hochachtung, ja Bewunderung ab. Wir wissen, daß das enorm schwer ist; aber gerade dadurch erscheint der selbstlose Einsatz jedem, der zu so einem Vorbild aufschaut, berechtigterweise als besonders kostbar und deshalb auch erstrebenswert

Du siehst sehr richtig, wenn Du schreibst, auch Kennedys Fehler könnten sein Vorbild-Sein für Dich nicht beeinträchtigen. Ja, mehr noch: Die Fehler sind eine Zugabe, die es Dir eher möglich machen, für Kennedy zu schwärmen: Ein Vorbild mit ein paar Flecken auf der Weste sind dann für einen jungen Menschen, der sich seiner eigenen Fehlerhaftigkeit bereits bewußt ist, eher real, eher erreichbar, weil es immerhin auch menschliche Schwächen bei ihm gegeben hat.

Weil die Heiligen Dir gegenüber als viel zu hoch erscheinen, so wie unbezwingbare Bergriesen, deshalb möchtest Du Dir diese als Vorbilder lieber gar nicht erst vorstellen. Eine Heilige zu werden, das erscheint Dir grundsätzlich als ein allzu hoher Anspruch, und deshalb möchtest Du lieber gleich die Finger davon lassen. Das spricht allemal dafür, liebe Janne, daß Du sehr realistisch denkst und nicht die Absicht hast, die Latte Deiner geistigen Ansprüche – durch schwärmerische Wunschträume verbrämt – zu hoch anzulegen.

So weit, so gut. Aber nun bleibt die Frage, wie Du (für den Religionsunterricht) eine Dir heilige Person findest. Ich denke: Wenn wir dazu Deine Ratlosigkeit loswerden wollen, müssen wir uns wohl zunächst der von Dir auch bereits angeschnittenen Frage stellen: Was ist denn eigentlich ein heiliger Mensch? Er muß ja nicht immer gleichzeitig ein Märtyrer sein, und er muß auch nicht unbedingt wie Mutter Teresa einige tausend indische Obdachlose von der Straße geholt haben. Nein, das Zentrum seiner Heiligkeit besteht allein darin, daß er unter immer neu sich überwindender Anstrengung seinen Naturegoismus in den Kleinigkeiten des täglichen Lebens hintanstellt, und stattdessen die Liebe zu Gott vorbehaltlos zur Priorität seines Lebens gemacht hat.

Dabei haben gewiß auch alle diese großen Menschen ebenfalls Fehler gemacht oder sind hinter diesem hohen Ziel immer wieder einmal zurückgeblieben. „Menschlich" ging es auf dem Weg zu Gott fast immer zu. Selbst Christus (unser sündenloser Gott!) hat während der Passion verzagt, ja enttäuscht sein dürfen. Er flehte Gottvater auf dem Ölberg um Verschonung an, und er schrie in der Todesstunde: „Mein Gott, warum hast du mich verlassen?"

Hier läßt sich Dein Zurückschrecken vor den Heiligen als Vorbilder entschärfen: Wer verlangt denn von Dir, eine absolute Vollendung zu erreichen? Sich auf den Weg zu machen, sich tagein, tagaus zu bemühen, das ist doch die Hauptsache – sich nach dem erwählten Vorbild auszurichten und in schwierigen Lebenslagen zu fragen: Wie würde ER sich jetzt verhalten, oder: Was würde ER jetzt dazu sagen...?

Es gibt wunderbare Heilige in unserer abendländischen Geschichte, die uns in der Einhelligkeit ihrer Ausrichtung alle gleichsinnig Vorbilder sein können. Es genügt bereits, daß diese Vorbilder die Richtung vorgeben, so daß man sich auf seinem Weg durch ihr Leuchten nicht so leicht verläuft. Maria z.B. kann besonders uns Frauen in dieser Hinsicht mit Orientierung beschenken, wenn wir uns nach ihrem so tief bedeutsamen „Ja!" (für Gottes Auftrag) ausrichten, wenn das zur Entscheidung ansteht. Sie stimmte dem Verkündigungsengel eben sofort zu, obgleich sie nicht verheiratet war und wissen konnte, daß ihr kein Mensch die Wahrheit abnehmen würde, daß sie durch etwas Übernatürliches, durch ein Wunder, schwanger geworden war.

Auf solche Zustimmungen, Janne, kommt es in unserem Leben an! Sie konfrontieren uns auch nicht von Anfang an mit etwas Unerfüllbarem. Das Ja für Gott heißt schließlich gleichzeitig, daß ich alles weitere Gott überlasse, daß ich Ihm vertraue, weil uns gesagt ist, daß Er unser Vater ist, der mich so liebt, daß er infolgedessen das Allerbeste für mich aussucht. Anfangs braucht es gewiß nichts mehr, als sich mit diesem Ja zu einem Leben für Gott zu Füßen eines beliebigen Heiligen niederzulassen. Denn dieser Hauptnenner ist ihnen allen gemeinsam, ganz gleich, ob Du nun für die Schule über eine berühmte oder eine unscheinbar gebliebene Heilige schreibst. Die spanische Ordensgründerin Teresa von Avila kann da ebenso anspornen wie z.B. Anna Magdalena Bach, die zweite Frau von Johann Sebastian Bach, die für die neun Kinder ihrer verstorbenen Vorgängerin eine liebevolle Mutter war und noch elf Kinder dazubekam, von denen sie insgesamt elf begraben mußte, bevor sie groß geworden waren.

Wenn Dich angesichts dieser Beispiele aber wieder einmal Zweifel befallen sollten („Zu schwierig – dann sage ich lieber gleich Nein!"), so kann Dir vielleicht helfen, auf das zu schauen, was nach der Passion Christi und dem irdischen Leid seiner Mutter folgte: Jesus sitzt zur Rechten Gottes, Maria wird zur Himmelskönigin erhoben. Und auf Anna Magdalena Bach trifft bestimmt die Verheißung der Bergpredigt zu: „Selig sind, die da Leid tragen; denn sie werden getröstet werden!" Und das alles besagt: Echte Entscheidung für Gott ist die Voraussetzung zu ewigem Glück. Anna Magdalena Bach kann Dir mit ihrer Grundeinstellung Vorbild sein – 20 Kinder mußt Du deshalb nicht gleich kriegen. Ich kenne ein herrliches Gebet des heiligen Charles de Foucauld, das mich in meinem Leben besonders in schwierigen Zeiten wunderbar gestärkt hat. Das will ich Dir zum Schluß noch mit in die Mailbox geben.

„Mein Vater, ich überlasse mich Dir. Mache mit mir, was Du willst. Was Du auch mit mir tun magst, ich danke Dir dafür. Zu allem bin ich bereit, alles nehme ich an, wenn nur Dein Wille sich an mir erfüllt und an allen Deinen Geschöpfen. So ersehne ich weiter nichts, mein Gott. In Deine Hände lege ich meine Seele. Ich gebe sie Dir, mein Gott, mit der ganzen Liebe meines Herzens – weil ich Dich liebe, und weil diese Liebe mich treibt, mich Dir hinzugeben ohne Maß, mich in Deine Hände zu legen mit einem grenzenlosen Vertrauen; denn du bist mein Vater. Amen."

Ich bin mir sicher, daß es vielen Jugendlichen bald sehr viel besser gehen würde, wenn sie sich auf die Grundrichtung unserer christlichen Heiligen einstellen würden!

Deine Christa Meves

Hallo,

hier bin ich noch mal, die „E-Mail-Janne"! Ihre Antwort über das „Ja" zu Gott läßt mich überhaupt nicht wieder los. Bezieht sich das nun eigentlich nur auf die ganz großen Lebensentscheidungen, z.B. für einen Beruf, vor einer Heirat oder Ähnlichem? Ich habe darüber nachgedacht und plötzlich mit einem Schreck gemerkt: Wahrscheinlich betrifft das auch die Entscheidungen in kleinen Dingen. Zum Beispiel: Ziehe ich mir jetzt die BRAVO rein, oder übe ich stattdessen lieber Geige? Gott ist es sicher lieber, daß ich Geige übe. Oder: Laß ich mich auf einer Party auf einen Cocktail mit Alkohol ein oder bleibe ich beim Fruchtsaft? Ich nehme mit Sicherheit an, daß Gott das besser fände.

Lasse ich denn nun Gott in solchen Situationen lieber beiseite? Bisher habe ich das jedenfalls immer so gemacht. Schicken Sie mir darüber bitte noch eine e-mail? Und entschuldigen Sie meine Hartnäckigkeit.

Janne

LIEBE JANNE,

*große Freude über Dein Nachdenken! Ich
will Dir klipp und klar antworten: Wenn man erst einmal – meist in einer Situation, in der man von Kopf
bis Fuß aufgewühlt wurde – das große Ja gewählt hat,
wird auch das Ja für Gott bei kleinen Entscheidungen
viel leichter. Deine beiden Beispiele zeigen: Du hörst
Gottes Antwort doch bereits! Wer horcht, dem fällt es
leicht, zu ge-horchen. Es ist dann auch nicht mehr so
schwer, wie es zuerst scheint. Man erlebt ja
gewissermaßen in einem Atemzug: Das, was für Gott
richtig ist, ist das Bessere und ist infolgedessen auch
das für mich Richtigere!*

*Janne, stell dir vor, man würde Euch Jugendlichen
häufiger erzählen, daß man bei einer solchen Einstellung glücklich, gesund und aktiv wird! Nimm z.B. nur
das Problem der Mädchen heute mit dem Essen. Statt
sich zu freuen, daß wir hier in Mitteleuropa uns satt
essen dürfen, hungern sich viele bis zum Gerippe ab.
Sie merken genau, daß ihnen das nicht bekommt. Sie
werden übellaunig und aggressiv, frieren immerzu und
denken nur noch ans Essen. Gottes Stimme ist auch
darin! Sie sagt ihnen: Laß das! So dürr zu sein ist ungesund. Du bist kein Model. Warum willst Du so aus-
schauen? Es ist in Wirklichkeit auch gar nicht schön.
Du läufst doch nur wie ein blökendes Schaf einer
Mode nach!'*

*Wenn Du auf diese Stimme reagierst, ist bald alles
wieder im Lot: Dein normaler Appetit, Deine Lebens-*

freude und auch körperlich schließlich Dein Frausein. Alles freut sich: Deine Seele, Dein Körper, Dein Geist, Deine Angehörigen – und Gott! Auf seine Figur zu achten, ist sicher gut und ratsam. Doch der Schlankheitswahn ist mehr als eine Dummheit und kann tatsächlich dazu führen, daß Frauen keine Kinder bekommen können. Dahinter steckt also etwas Zerstörerisches, ja, etwas ausgesprochen Böses, das jungen Frauen ihr Leben vergällen, ja zerstören kann.

Auf keinem kleinen Gebiet des Lebens ist das eigentlich anders. Du kommst z.B. gar nicht erst in die Versuchung, Dich auf irgendein Rauschmittel einzulassen. Du weißt, daß es Gift ist und daß man seinen Körper dadurch schädigt. Du weißt, daß einmal hier nicht keinmal ist, weil man schnell mehr und immer noch mehr haben möchte und der Wille schwächer ist als dieser Drang. Du hörst Gott in Dir. Du weißt, daß er Dich gesund will, daß er Dich glücklich will. Ist es da wirklich schwer, nein zu sagen zu denen, die Dich dazu verführen wollen? Selbst wenn sie höhnen und alle von dem Zeug nehmen, weißt Du, daß Du doch die richtige Entscheidung getroffen hast – meinetwegen als einzige! Das ist unserem Gott doch bestimmt ganz besonders lieb! Den anderen geht es allen am nächsten Tag dreckig, aber Du gehst schwimmen oder tust sonst was Schönes, das mit Gott und Deiner Bestimmung hier auf Erden im Einklang steht.

Echtes Christsein im Alltag macht fröhlich, Janne! Bei so vielen Dingen unseres Lebens werden wir belohnt, wenn wir Gottes Stimme (die wir wohl kennen!) nicht überhören, z.B. beim Fernsehen, wenn wir uns da über Stunden so irgendeinen drittklassigen Film reinziehen. Wir merken spätestens beim Müde-Sein in der Schule oder bei der Fünf in der Klausur, daß das falsch war. Wir könnten es auch schon spätestens nach zehn Minuten zuschauen gemerkt haben, vielleicht sogar noch früher. Und wir beschließen, aus solcher Erfahrung zu lernen. Gleich hinhören, schnell hinhören! Und wenn wir das am nächsten Abend schaffen, freuen wir uns – freut sich Gott.

Und plötzlich geschieht etwas besonders Erfreuliches, womit wir gar nicht gerechnet haben: Unser uns liebender Gott ist nämlich ein dankbarer Gott, und er macht uns – sehr leise – heimlich Geschenke. Je mehr wir gehorcht haben, umso lieber beschenkt er uns. Ach, Janne, Du kannst Dir nicht vorstellen, wie ich mich freue, daß Du plötzlich die wichtigste Lektion aller Lektionen des Lebens verstanden hast!

Ich grüße Dich,
Christa Meves

NACHWORT

Meine lieben jungen Freunde,

in diesem Buch habt Ihr die Briefe einiger von Euch gleichaltrigen Mädchen und Jungen gelesen, die sie mit oft schwierigen Fragen und komplizierten Problemen an mich geschrieben haben. Es gibt in meinem Archiv viele Anfragen mehr von dieser Art. Sie beweisen, wie viele es unter Euch gibt, die sich nicht einfach stumpf einem Leben zwischen Ein- und Ausschaltknöpfen preisgeben wollen.

Die Aufgabe der jungen Generation heißt schließlich grundsätzlich, sich spätestens vom 13. Lebensjahr ab, die Dinge, in die man hineingeboren wurde und in die man mittlerweile mit etwas mehr Bewußtsein hineingewachsen ist, genau unter die Lupe zu nehmen. Vieles, sehr vieles kann man zwar noch nicht vollständig durchschauen, aber je mehr man nachdenkt, umso mehr entstehen Fragen, nach deren Beantwortung man suchen darf – bei Eltern, Lehrern, Pfarrern, Jugendtherapeuten, über Bücher aus der Stadtbibliothek, über Jugendzeitschriften und schließlich auch über das Internet. Und es gehört zu einem inneren Entwicklungsgesetz, daß diese Fragen nicht nur auf mehr Information, mehr Wissen und Verstehen der Zusammenhänge aus sind, sondern daß sie vor allem auch kritisch sind.

Für die junge Generation ist das Leben in unserer Gesellschaft neu. Sie ist noch nicht so verflochten mit ihren Gepflogenheiten wie die Älteren, noch nicht so sehr in alles eingewöhnt. Weil Euch jungen Leuten die Welt neu ist, könnt Ihr sie mit mehr unbefangener Distanz, mit mehr selbstverständlicher Kritik hinterfragen. Das wird in der Pubertät und der Adoleszenz – dem Alter zwischen 12 und 20 – sogar hormonell unterstützt: Man ist im Begriff, zum Erwachsenen heranzureifen, und das heißt auch: nicht einfach alles unnachdenklich mit sich geschehen zu lassen, sondern aufzuwachen zu eigenständigem Person-Sein.

Deshalb wird gefragt: Was ist das eigentlich für ein Leben, in das ich da hineinwachse? Muß es so sein? Bei welchen Sachen kann, darf oder muß ich mitmachen? Will ich das überhaupt? Ist das etwas für mich, was man mir anbietet – zu Hause, in der Schule, in den Medien?

Die Jugend stellt die Lebensform und Lebensgewohnheiten der Elterngeneration auf den Prüfstand und fragt: Was ist gut – was ist nicht gut? Was hat sich überlebt, was hat sich bewährt? Und was nicht? Was also gehört abgeschafft, was muß erneuert werden? Denn dergleichen in Angriff zu nehmen, wird wenige Jahre später Eure Aufgabe sein. Es ist wichtig, sich dieser Notwendigkeit zu stellen – mit konstruktiver Kritik ebenso wie mit viel Bereitschaft, das Fragen an die Erfahrenen nicht aufzugeben.

Euch, der ersten jungen Erwachsenengeneration im neuen Jahrtausend, steht dabei geradezu atemberaubend Spannendes bevor: Das Leben im Computer- und Raumfahrtzeitalter bedarf neuer Formen, neuer Strukturen. Hier braucht die Welt Kräfte, die voll von schöpferischem Elan sind, um sich Neues, Angemessenes, Praktisches einfallen zu lassen.

Aber nicht nur auf technischem Gebiet wartet die Welt auf Euch: Auch die geistigen Grundlagen, die in den vergangenen 30 Jahren unter der industriellen Vielfalt verschüttet worden sind, müssen neu freigelegt und so hergerichtet werden, daß eine neue Kultur darauf aufgebaut werden kann. Dazu muß sehr viel Überlebtes, Verworrenes, Unnatürliches und Unnützes abgeräumt werden. Erstaunlicherweise ist in der Weltgeschichte immer neu der Jugend dafür Inspiration und ein Fingerspitzengefühl für das Know-how zur Verfügung gestellt worden.

Ihr seid dazu berufen, den vielen überflüssigen Tand unserer Zeit zum Fenster hinaus zu werfen! Dazu müßt Ihr natürlich erst mal merken, was alles Unsinn oder gefährliches Material ist; denn das erzählt Euch nur selten jemand. Auch viele Erwachsene konsumieren wahllos und schläfrig, was ihnen das Fernsehen und andere Medien anpreisen. Wir haben hier in Mitteleuropa in den vergangenen 30 Jahren einen merkwürdig leichtfertigen Stil gelebt. Wir sind zu mehr oder weniger wahllosen und kritikschwachen Konsumenten geworden. Ihr habt den Auftrag, da aufzuräumen!

Man kann aus der Erfahrung lernen, was einem bekommt und was nicht. Jedenfalls ist es sicher dumm, wenn man so tut, als merke man nichts, und die falschen, die schädigenden, die unglücklich machenden Dinge weiter betreibt. Ihr werdet deshalb sehr viel zu tun bekommen; denn was ist da nicht alles falsch gelaufen! Rauchen macht Krebs, Alkohol macht abhängig und verkürzt das Leben, Rauschgift macht kaputt. Kürzlich habe ich eine Statistik über die Verteilung der Abhängigen von harten Drogen gesehen. Bei den 16- bis 26jährigen ist der Anteil sehr hoch, ab 40 aber sinkt er fast auf Null! Das heißt, dieses große Potential einst junger gesunder Menschen ist dann tot – vernichtet durch ein rasantes Selbstmordprogramm.

Auf viele anderen Sektoren, über die mir Jugendliche geschrieben haben, trifft das ähnlich zu. Noch niemals gab es so viele schwerste Frauenkrankheiten bei noch ganz jungen Frauen. Und das ist nur eine der verheerend bösen Früchte – hervorgerufen durch Zwang zum Sex im Jugendalter, zu dem eine verrückte Ideologie sich anmaßte, die Jugendlichen zu verführen. Die Sexualität muß neu viel ernster genommen werden. Sie ist kein Riesenspielzeug, sondern eine Großmacht, die sorgfältiger Beachtung und Eingrenzung bedarf; denn sie ist die mit enormer Schubkraft *ausgestattete Bedingung für das Fortbestehen der Menschheit. Hier neu Maß, Mitte und Kultivierung zu finden – das alles werden in wenigen Jahren große Aufgaben von Euch sein.*

Wir müssen schnellstens wieder herunter von einer Oberflächlichkeit des unnachdenklichen Machens. Wir Menschen sind nicht die Alleinherrscher auf unserem Stern Erde. Gott hat den Menschen Vorgaben gemacht. Wenn sie sich an diese halten, z.B. an die Zehn Gebote, so kommen sie zurecht. Aber das muß immer neu für die jeweilige Zeit begriffen, umgesetzt und konkretisiert werden.

Ihr habt ein sehr berechtigtes Bedürfnis nach Wahrheit, nach der Unterscheidung zwischen Echtem und Unechtem. Setzt dieses Wollen ein! Es liegt in Eurer Bereitschaft, in Eurem Mut, ob die Erde weiterhin Zukunft hat. Denkt nicht: Da kann ich ja doch nichts machen! – Das ist nicht wahr! Jeder einzelne von Euch kann Wertvollstes zustandebringen. Ihr braucht dazu nur die Wahrheit zu akzeptieren, daß nicht der Mensch, sondern Gott unsere Welt regiert. Er hat mit jedem einzelnen Menschen einen Plan. Er hofft, ja, er wartet darauf, daß Ihr seine Mitarbeiter werdet und mithelft, daß „sein Reich hier auf Erden kommt". Das soll ein Reich der Liebe sein. Dazu gilt es Ja zu sagen, in einem direkten persönlichen Entschluß. Alles weitere ergibt sich dann fast wie von allein: die Kraft zum An-

fang, der Mut zum Durchhalten, die Demut zur ständigen Verbindung mit Gott und daraus dann auch der Wille, ja, die Begeisterung, sich einzusetzen und auf dem Platz, auf den man gestellt wird, Verantwortung auf sich zu nehmen.

Gott zählt also auf Dich! Auf Mehrheiten ist er nicht angewiesen. Daß Du weißt, was Sache ist, daß Dir klar ist, wie nötig Du gebraucht wirst – das vor allem ist notwendig! Von Deiner Haltung, Deinem Anstand, Deinem Mitlieben ist es abhängig, ob Gott der Menschheit weiter gnädig ist; denn Du hast die Freiheit, Dich so oder so zu entscheiden. Du kannst Dich auch Gottes Widersacher überlassen, der darauf aus ist, Gottes Werk zu zerstören.

Wenn man das erst einmal begriffen hat, will man sich nicht länger mit dem breiigen Kleister des Schlaraffenlandes zufriedengeben. Man ist dann auch fähig, sich gegen die Sirenenklänge des Dämonischen die Ohren zu verstopfen; denn das ist nur möglich, wenn Ihr Euch realistisch einschätzt, wenn Ihr im Bewußtsein habt, daß man als Mensch keine Chance hat, den bösen Mächten noch zu entrinnen, wenn man sich ihnen erst einmal ausgeliefert hat. Eine der gemeinsten Anweisungen der Zeitgeist-Ideologie an Euch heißt deshalb: „Probiert alles aus!" – Als ob Erwachsene nicht wissen könnten, wieviel absolut Ver-

derbliches es gibt und wie schnell Unerfahrene sich –
ungewarnt – dann darauf einlassen!

Wehrt Euch dagegen, Euch für dumm verkaufen zu
lassen! Seid mißtrauisch gegen das, was in den Medien allzu laut angepriesen wird. Fallt nicht darauf
herein, etwas dadurch schon für richtig zu halten,
daß viele es – unnachdenklich mitlaufend – tun. Seid
klug und wachsam; denn der Teufel geht zur Zeit
wirklich umher wie ein brüllender Löwe!

Heute geht es gewiß um Sein oder Nichtsein. Jeder
einzelne von Euch ist deshalb in dieser Situation her-
ausgefordert. Dabei liegt jeder bereits dadurch richtig,
daß er täglich neu Ja sagt zur Liebe für Gottvater –
und das Leben versucht als einen Dienst für IHN.

Eure Christa Meves

Christa Meves wurde 1925 in Neumünster geboren. Sie studierte Germanistik, Geographie, Philosophie und Psychologie an den Universitäten Breslau, Kiel und Hamburg. 1949 legte sie das Staatsexamen ab. An den Psychotherapeutischen Instituten in Hannover und Göttingen ließ sie sich zur analytischen Kinder- und Jugendlichen-Psychotherapeutin ausbilden. In diesem Fach praktiziert sie seit 1962 in Uelzen.

Christa Meves ist mit einem Arzt verheiratet, Mutter zweier Töchter und Großmutter von sechs Enkeln. Seit 1978 ist sie zudem Mitherausgeberin der Wochenzeitung „Rheinischer Merkur - Christ und Welt". Christa Meves hat mehr als 100 Bücher veröffentlicht, die in 13 Sprachen übersetzt worden sind und in deutscher Sprache eine Gesamtauflage von fünf Millionen Exemplaren erreicht haben. Sie schreibt seit 1960 Kolumnen und Aufsätze in Zeitungen und Zeitschriften. 1978 gründete sie den „Freundeskreis Christa Meves" und 1995 den Verein „Verantwortung für die Familie e.V." mit Sitz in Uelzen.

Christa Meves wurde bislang mit folgenden Medaillen und Orden ausgezeichnet:

1974 Wilhelm Bölsche Medaille

1976 Prix Amade

1977 Goldmedaille des Herder-Verlags

1978 Niedersächsischer Verdienstorden

1979 Konrad-Adenauer-Preis der Deutschlandstiftung

1982 Sonnenscheinmedaille der Aktion Sorgenkind

1984 Medal of Merit

1985 Bundesverdienstkreuz erster Klasse

1995 Preis der Stiftung Abendländische Besinnung

1996 Preis für Wissenschaftliche Publizistik

Ihre Internet-Adresse lautet: http://www.christa-meves.de